AF303789

SABINE-WITT.DE

DIE FOTOS ZUM BUCH
LE FOTO DEL LIBRO
THE BOOK'S PHOTOS
+
STADTPLAN – MAPPA DELLA CITTÀ – CITY MAP

# Sabine Witt

# Monopoli

## in

## Apulien  Puglia  Apulia

Auf den Spuren der Madonna vom Floß

Sulle tracce della Madonna della Madia

On the Trail of the Madonna of the Raft

Verlag Expeditionen

Auch von Sabine Witt im Verlag Expeditionen

Curzio Malaparte
Autobiographisches Erzählen zwischen Realität und Fiktion
(2022)

# MONOPOLI
## IN
## APULIEN PUGLIA APULIA

### AUF DEN SPUREN DER MADONNA VOM FLOß
### SULLE TRACCE DELLA MADONNA DELLA MADIA
### ON THE TRAIL OF THE MADONNA OF THE RAFT

# Inhalt

# Contenuto

# Content

Monopoli in Apulien
Auf den Spuren der Madonna vom Floß

# Biografie

Sabine Witt, geboren 1960 in Hamburg. Dort Studium der Romanistik, Germanistik und Kunstgeschichte; 1994–2006 Lehrbeauftrage an den Universitäten Hamburg und Bremen für romanische Literaturwissenschaft; Veröffentlichungen und Vorträge zur italienischen und spanischen Literatur; Herausgeberin, Übersetzerin, Lektorin, Italienischlehrerin; Dozentin für Literatur an der VHS Hamburg und der AWO Hamburg, wo sie auch im Bereich „Seniorenbildung/Offene Seniorenarbeit" angestellt ist; Stadtführerin; seit 2015 Vorsitzende der Hamburger Autorenvereinigung.

# Einleitung

Monopoli! Lange bevor ich in diese apulische Stadt reiste, war mir deren Name bekannt: Vor vielen Jahren arbeitete ich als Übersetzerin in einer Wirtschaftsauskunftei, und da musste ich eines Tages einen Text über einen Spieleladen übersetzen, der sich in Monopoli befand. Was haben wir gelacht. Dass ca. 30 Jahre später ein großes Paket von eben jenem Spieleladen – Palmitessa Giocattoli – voller vor Ort gekaufter Spiele bei mir eintreffen sollte, das konnte ich damals nicht ahnen. Und auch nicht, dass ich mich hoffnungslos in diese wunderbare, einzigartige Stadt verlieben sollte und immer und immer wieder dorthin zurückkehrte.

Die amüsante Begebenheit mit der Übersetzung hatte ich längst vergessen, als ich mich 2014 zu einem Italianisten-Kongress in Bari anmeldete. Den wollte ich mit einem Urlaub verlängern – aber wo? Apulien gehörte zu den wenigen Regionen, die ich nicht kannte. Ein Reiseführer musste her, und in jenem stieß ich „zufällig" (an den Zufall glaube ich nicht) wieder auf den Namen „Monopoli", sah Bilder, las Beschreibungen: Da musste ich hin!

Und so kam es. Wunderbare Tage verbrachte ich im Sommer 2014 in dieser alten Stadt am Meer, die der Tourismus inzwischen entdeckt hatte, und die sich deshalb, nach vielen dunklen Jahren, weißgetüncht erhellt und aufgehübscht hatte. Ich lernte viele Einheimische kennen, schloss Freundschaften und begeisterte mich immer mehr für die Patronin der Stadt, die Madonna della Madia (Madonna vom Floß), der man überall in der Altstadt begegnet.

Ihr und allen Bewohnerinnen und Bewohnern Monopolis sei dieses Buch gewidmet.

Sabine Witt
Juli 2024

Die Stadt Monopoli

# Geschichte der Stadt und ihres Namens

Monopoli liegt an der süditalienischen Adriaküste, ca. 40 km südlich von Bari und nur wenige Kilometer nördlich der Ruinen des antiken Egnazia – also am „Stiefelabsatz". Die Ursprünge des Ortes reichen bis in die Bronzezeit zurück. Die später entstandene kleine und aus Hütten bestehende messapische Siedlung wurde in Folge von den Römern erobert, die sie zu einem Militärhafen machten. Später kamen u. a. die Langobarden, die Sarazenen, die Normannen, die Byzantiner, die Staufer, die Spanier, die Habsburger und die Bourbonen. Bereits unter der Herrschaft Venedigs (ab 1484) erlebte die Stadt durch den Ausbau des Hafens und des Handels mit Wein, Öl, Johannisbrot und Mandeln einen wirtschaftlichen Aufschwung.

All diese Bewohner und Herrscher haben noch heute sichtbare Spuren in der Stadt hinterlassen – und auch im Namen Monopoli: Im 18. Jahrhundert beschreibt Alessandro Nardelli in seinem Buch *La Minopoli*, dass die Siedlung „Minopoli" geheißen haben soll, also nach Minos, dem Herrscher von Kreta, benannt wurde. In der Tat sollen die Messapier, so erzählt es bereits der griechische Historiker Herodot von den Kretern abstammen. Von „Minopoli" soll sich der Name in „Monopoli" (gr. monos polis – die einzige Stadt) gewandelt haben: die einzige Stadt, die die neue Religion, das Christentum, angenommen hatte.

Der Gleichklang mit dem bekannten US-amerikanischen Brettspiel ist also Zufall. Den sich die Stadt aber durchaus zunutze macht. Und es gibt zwar keine mondäne Schlossallee in Monopoli, aber eine hübsche winkelige Schlossgasse.


## Der Dialekt

Kommt man als Nichtmuttersprachler, der sich Italienischkenntnisse angeeignet hat, nach Monopoli, kann es sein, dass man – wie ich – plötzlich nur noch „Bahnhof" versteht, denn mit dem monopolitanischen Dialekt („vernacolo monopolitano", „djalètte munepletène"), der zur Dialektfamilie der Stadt Bari gehört, ist es so eine Sache: Wie die meisten anderen italienischen Dialekte ist das Monopolitano eine fast ausschließlich mündliche Sprache. Deshalb existiert keine eindeutige Transkription, die aufgrund der phonetischen Unterschiede zum Italienischen besonders schwierig wäre. Aber es gibt durchaus Wörterbücher und Li-teratur auf Monopolitano, das wie alle romanischen Sprachen seinen Ursprung im Lateinischen hat. Darauf wurde ein Substrat bereits bestehender Idiome aufgepfropft: Das byzantinische Griechisch, das Arabische, das Französische, die germanischen und slawischen Sprachen und das Spanische haben den

Dialekt durch die geschichtlichen Wechselfälle, die verschiedene Völker nach Monopoli brachten, im Laufe der Jahrhunderte geformt. Für Nichtmuttersprachler ist diese „wilde Mischung", die außerdem noch arm an Vokalen ist, nicht verständlich; selbst für Italiener anderer Regionen ist es schwierig. Man siehe selbst:

Zwei Sprichwörter (aus *Monopoli città unica*, Zaccariaedizioni, Fasano 1996):

> Acce sòffre p'emore, na's-sènde delore.
>> Wer aus Liebe leidet, kümmert sich nicht um den Schmerz.

> Acce spàrte j-ève a màle pàrte.
>> Wer teilt, hat die schlechtere Hälfte.

Und ein Gedicht (aus *Fjúre, sèmpre fjúre. Schéndele, sèbe schèndele*, Luigi Reho, Schena Editore, Fasano 1994):

> Trèse vulènne i r-rúsce u muschelóne,
> bàtte 'ndu spècchje i p-po sópe â vetrète.
> Aggìre, aggìre, aggìre 'ndruvelète,
> prìme d'accjàrse â vìgghje dē u purtòne.

>> Brummend kommt sie hineingeflogen,
>> die große Fliege,
>> und fliegt gegen den Spiegel und das Fenster.

Schnell dreht sie um, dreht sich ziemlich verwirrt,
aber findet schließlich den Weg durch
die Tür.

## Monopoli heute

Knapp 50.000 Einwohner hat Monopoli im Jahre
2024. Neben dem Tourismus spielen Fischfang,
Landwirtschaft und Olivenölproduktion eine große
wirtschaftliche Rolle. Eine für den Arbeitsmarkt der
Region wichtige Zementfabrik wurde bereits 1983
geschlossen. Aber es gibt die *Mer Mec* (ein wichtiges
Industrieunternehmen des Eisenbahnwesens), eine
Fabrik für Lederwaren sowie eine, die Polyure-
thanrohre herstellt. Auch das Handwerk ist immer
noch präsent: das Tischlergewerbe zum Beispiel, die
Kunst, Trockenmauern zu bauen und zu reparieren
sowie das Maurergewerbe. Für die Besucher inte-
ressanter sind die vielen kleinen traditionellen Geschäfte in und am Rande der verwinkelten Altstadt
sowie die größeren, moderneren in der Neustadt,
dem Mitte des 19. Jahrhunderts außerhalb der
Stadtmauern angelegten „Centro Murattiano", das
sich, wie viele Städte an der apulischen Küste,
schachbrettartig ins Landesinnere hineinzieht. Die
„gute Stube" der Altstadt ist die wunderschöne Piazza Garibaldi, jene der Neustadt die Piazza Vittorio
Emanuele II, die als einer der größten und schönsten
Plätze Italiens gilt und an die Altstadt grenzt, beide

Stadtteile dadurch elegant miteinander verbindend. Umsäumt ist er von Bars, Restaurants und Geschäften, eine Allee durchschneidet ihn mittig. Auf der einen Seite thront das 1924 errichtete Denkmal für den Unbekannten Soldaten, auf der anderen ein herrlicher Brunnen, um den herum alle Winde in ihrer jeweiligen Richtung angegeben sind. Der Platz wird vielfältig genutzt: Hier wird gespielt, gelesen, sich getroffen. Hier finden regelmäßig kulturelle Veranstaltungen und Märkte statt, auch ein Weihnachtsmarkt – oft mit einer großen Eislaufbahn und einem Häuschen, in dem zur Freude der Kinder (und der Verfasserin) der Weihnachtsmann wohnt und besucht werden kann.

Zu Monopoli gehören auch 100 „Contrade" (Distrikte), die die Stadt von drei Seiten umgrenzen und sich weit ins Land hinein und die Hügel hinauf ziehen. Einige davon lerne ich auf Ausflügen kennen, genieße die ruhige ländliche Umgebung und die immer wieder möglichen Panoramablicke über die Adria.

Heutzutage könnte man das „einzig" im Namen der Stadt als „einzigartig" auffassen, denn das ist die wunderschöne Stadt am Meer wahrlich. Diese Einzigartigkeit hat Monopoli in den letzten Jahrzehnten zu einem beliebten Touristenziel werden und die Stadt immer weiter erblühen lassen. Sie ist bestens mit öffentlichen Verkehrsmitteln zu erreichen, besonders per Bahn, denn sie liegt an der Bahnstrecke Bari–Lecce. Man kann aber bereits in Bologna in den Schnellzug steigen und direkt in Monopoli wieder aus. Natürlich bringt die stetig wachsende Besucherzahl auch Nachteile mit sich. Darauf komme ich noch zu sprechen. Aber vom Massentourismus wie in anderen Gegenden Europas ist die Stadt weit entfernt; sie hat sich ihren authentischen Charakter bewahrt. So ist es immer noch eine Freude, durch die von weißgetünchten, blumen- und madonnengeschmückten Häusern gesäumten Gassen und Chiassi (Höfe, oft mehrere miteinander verbundene, manchmal wahre Labyrinthe) zu streifen, die vielen Kirchen und Museen zu besuchen, sich dann an einem der kleinen Strände in und vor dem Städtchen zu erholen, ein Bad im klaren Wasser zu nehmen und sich abends in einem der zahlreichen Restaurants zum Essen niederzulassen.

## Die Strände

Monopoli und seine Umgebung sind ein wahres Badeparadies. Direkt in der Stadt liegt der schmale, seicht ins Wasser abfallende Sandstrand Porta Vecchia, ausgezeichnet auch 2024 mit der „Blauen Flagge". Herrlich lässt es sich hier baden – geschützt von der pittoresken Stadtmauer, vor der man auch auf den Steinen liegen oder sitzen kann und an deren Wasserseite entlang man einen schönen Spaziergang zur Promenade Santa Maria, dem Castello Carlo V. und dem alten Hafen machen kann. Von der Porta Vecchia aus lässt es sich vom nördlichen Ende des Strandes aus immer am Meer entlang in ungefähr zehn Minuten zur nächsten Badebucht schlendern: Porto Bianco, der viel von Familien genutzt wird. Und weiter geht es in wenigen Gehminuten zum Porto Rosso, den junge Leute bevorzugen. Wer möchte, wandert dann über Wiesen oberhalb des Meeres von einer Bucht zur nächsten – vielleicht über Porto Verde bis zur schönen Cala Paradiso (mit Liegen und Schirmen). Eine Bucht reiht sich an die andere; sie sind die einstigen Mündungen nun ausgetrockneter canyonartiger und aus den Hügeln kommender Flussläufe (Karsttäler), und alle haben ihre eigenen Charakteristika, ihren eigenen Charme.

Zurück in die Stadt, die mit ihrer Kathedrale von weitem grüßt, kann man – vielleicht irgendwo einkehrend – die parallel verlaufende Via Procaccia entlanglaufen.

Noch weiter südlich liegt vor dem trutzigen Castello Santo Stefano ein nobler Lido. Wunderschön ist auch das die Badelandschaft Monopolis abschließende Capitolo mit seinen längeren Sandstränden und den Ausgrabungen von Egnazia. Oberhalb kann man die Felsenkirche „San Giorgio" an der antiken Handelsstraße Via Traiana bewundern: Sehr auffällig ist hier ein großes Loch in der Wand, das von konzentrischen Kreisen umgeben ist – wie die Wellen um einen ins Wasser geworfenen Stein herum.

# Die Madonna vom Floß

# Spurensuche

Wer mit offenem Blick durch die Gassen Monopolis bummelt, bemerkt sie sehr schnell: die zahlreichen Madonnen-Ikonen an den Wänden, auf Balkonen, unter Bögen, an Fenstern, in Nischen, in Hauseingängen. Auch vom Kirchturm der Kathedrale grüßt die Madonna als Mosaik herunter.

Als ich eines Sommers für zwei Wochen in Monopoli bin und es einfach zu heiß für mich ist, um mich länger am zauberhaften Stadtstrand Porta Vecchia aufzuhalten, suche ich nicht nur im Meer Abkühlung, sondern auch in den schattigen Gassen der Altstadt. Dort kann ich auch die vielen Madonnenbilder, die mir bei meinem ersten Aufenthalt im Jahre 2014 aufgefallen waren, fotografieren und mich näher mit ihnen beschäftigen.

Dies wiederhole ich bei vielen weiteren Aufenthalten in der zauberhaften Stadt, die mir samt ihren Bewohnern mehr und mehr ans Herz wächst. „Sei una monopolitana nata per sbaglio ad Amburgo" („Du bist eine Monopolitanerin, die aus Versehen in Hamburg geboren wurde"), sagte einmal mein Wirt, Cesare Mancini, zu mir. Wer weiß …

Vielleicht erinnern sich einige Bewohner der Altstadt an mich, wie ich mit Stadtplan, Block, Schreiber, Filzstiften und Handy ausgerüstet immer wieder durch die Gassen ziehe, etwas notiere, zeichne, fotografiere und – man möge es mir nachträglich verzeihen – in die verstecktesten Winkel vordringe. Oft erkläre ich, warum ich das tue, auch, dass ich an einem Buch über Monopoli schreibe. Dann ist das begründete Misstrauen schnell beseitigt, und es kommt zu freundlichen Gesprächen. Und ich lerne die Stadt und ihre Menschen vielleicht besser kennen als die meisten Touristen.

Manche Ikonen entdecke ich auf den ersten Blick, sogar in den Geschäften und in den Häusern (durch die Fenster zu sehen oder wenn gerade mal eine Tür aufsteht und ich ganz dezent hineinschaue) und auf dem Straßenpflaster. Hier fällt besonders ein Bild auf, jenes an der Porta Vecchia. Ein junger Mann soll es gemalt haben. Er soll noch ein paar Mal wiedergekommen sein, um es zu restaurieren, aber irgendwann tauchte er nie wieder auf. Ein Monopolitaner ist der „Herr des Bodengemäldes", er bewacht es, deckt es abends und im Winter ab, gießt die Blumen, die es umstehen. 2023 wurde es komplett restauriert und sieht nun recht anders aus.

Manchmal bin ich regelrecht erschrocken, wenn ich mich umdrehe und plötzlich eine Ikone entdecke, die ich vorher noch nie gesehen habe. Ganz kleine zum Beispiel. Oder wenn einmal auf einem Balkon nur wenig Wäsche hängt und ich sie sehen kann. So geschehen nach Jahren am alten Hafen. Von Aufenthalt zu Aufenthalt kommen neue hinzu. Auch mit Hilfe von Freunden, die ich bei gemeinsamen Spaziergängen mit meiner Madonnensuche anstecke. Einmal laufe ich mit einem sehr großgewachsenen

Freund herum; er entdeckt eine ziemlich weit oben an einer Hauswand, die mir, klein wie ich mit meinen 1,57 m bin, jahrelang übersehen hatte.

Oft streife ich so lange, Stunde um Stunde, durch die Gassen, dass ich am Abend völlig erschöpft bin. Aber ich glaube, noch nie hat mir etwas so viel Freude bereitet wie die Suche nach der Madonna della Madia. Es war immer wieder eine Mischung aus Abenteuer, Spiel und Meditation.

86 Ikonen habe ich gefunden. Von allen finden sich Fotos auf meiner Website; auf Seite 2 dieses Buches führt ein QR-Code zu ihnen. Hier befindet sich auch ein Stadtplan, in dem sie alle eingezeichnet sind – es lohnt sich, damit selbst auf die Suche zu gehen!

## Meine letzte Madonna

Es ist der 31. Dezember 2021. Meine jahrelangen Recherchen in der Altstadt von Monopoli sind abgeschlossen, alle – alle? – Madonnen fotografiert und archiviert, der Koffer ist gepackt, der Fotoapparat verstaut. Ich drehe eine letzte Runde, gucke auf dem Largo Forno Romano nach oben, und da sehe ich sie, eine beleuchtete Madonna hinter einem kleinen Fenster. Jahrelang ist sie mir nicht aufgefallen. Eigenartig. Also zurück in meine Ferienwohnung, den Koffer geöffnet, den Fotoapparat genommen und ein Foto gemacht. Dieses Erlebnis zeigt mir, dass ich bestimmt doch nicht alle entdeckt habe. Auch in vielen

Brunnen, so erfahre ich 2024, soll sich ein Madonnenbildnis befinden, um das Wasser zu segnen. Also, liebe Monopolitaner, seid nicht traurig, wenn eure Madonna fehlt!

## Die Geschichte der Ikone

Wer ist nun diese Madonna? Und warum findet man sie so oft in der Altstadt? Dahinter steckt eine wunderbare Geschichte: Im Jahre 1107 beschloss der Bischof von Monopoli, Remualdo, eine neue Kathedrale zu bauen. Die Arbeiten waren zehn Jahre später, also 1117, fast abgeschlossen, doch dann fehlte das Geld, um die Balken zur Fertigstellung des Daches zu kaufen.

Aber: In der Nacht zum 16. Dezember 1117 erscheint einem angesehenen, gläubigen Monopolitaner namens Mercurio ein Engel, der zu ihm spricht: „Mercurio, Mercurio! Steh auf, lauf zum Bischof und sag ihm, dass die Balken im Hafen sind!" Das Licht des Engels scheint auf sein Bett. Mercurio gehorcht, läuft zum Bischof Romualdo und berichtet ihm das Vorgefallene. Aber der Bischof schickt ihn wieder nach Hause. Er habe nur geträumt, sagt er. Aber die Madonna, denn sie war der Engel, erscheint ihm zum zweiten Mal, auch da schenkt der Romualdo Mercurio keinen Glauben. Aber als sie ihm zum dritten Mal erscheint, läuft Mercurio schnurstracks zum Hafen und sieht die Balken – als Floß („madia" im monopolitanischen Dialekt und auf Spanisch, was auch ein Brett, auf dem man Brot zum Backen vorbereitete und gehen ließ, bedeuten kann). Nun ist endlich auch Romualdo überzeugt, lässt die Glocken klingen, damit alle Bewohner erwachen. Alle kommen zum Hafen und erleben ein Wunder: Auf dem menschenleeren Floß thront eine Ikone, die Maria mit dem Kind zeigt! Der Bischof ordnet an, dass die Ikone sofort in einer feierlichen Prozession zur Kathedrale gebracht wird. Hier befindet sie sich noch immer, in einer wunderschönen Kapelle, die sich über dem eigentlichen Altar erhebt und über zwei seitliche Treppen von Gläubigen und Touristen erreicht werden kann. Ungewöhnlich ist, dass die Treppen, die zur Marienkapelle führen, von unten nicht zu sehen sind, so dass die Madonna über dem Hauptaltar zu schweben scheint.

Mit den Balken des Floßes, 31 sollen es gewesen sein, kann 1117 das Dach der Kathedrale fertiggestellt werden. Einige der Balken sind heute in einer Kapelle der Kathedrale zu sehen, gleich rechts neben dem Eingang: Man hat sie im 17. Jahrhundert während einer Renovierung der Kathedrale aus dem Dach entfernt. Und ein Stück eines der Balken ist rechts neben dem Hauptaltar ausgestellt.

Die Geschichte des Mercurio, die Ankunft der Madonna, die Prozession Richtung Kathedrale und der Bau des Daches sind auf vier großformatigen Gemälden von Signorile aus dem 18. Jahrhundert in der Kathedrale sehr anschaulich dargestellt; sie beherbergt mehrere weitere Gemälde, die die Ankunft der Madonna wiedergeben.

Der 16.12.1117 ist ein Tag in der Geschichte Monopolis, der die Stadt bis heute prägt. Er brachte ihr nicht nur die Patronin der Stadt, die Madonna della Madia (deren Ankunft über das Meer historisch wohl gesichert ist), sondern schickte ihr auch die nötigen Baumaterialien, um die Kathedrale zu vollenden – was wohl eher eine Legende ist. Aber: Untersuchungen haben ergeben, dass die Balken, die in der Kathedrale ausgestellt sind, aus Holz von Aleppo-Kiefern sind. Sie können also durchaus über die Adria nach Monopoli gekommen sein.

Die Ikone zeigt die Madonna „Hodegetria" (auch Hodigitria oder Odigitria), was auf altgriechisch Wegweiserin bedeutet. Diese Art der Mariendarstellung ist griechisch-byzantinisch, war hauptsächlich in Konstantinopel üblich und hat sich später in der gesamten christlichen Welt verbreitet. Maria ist auf diesen Bildern statisch und frontal, sie hält auf ihrem rechten Arm ein erwachsen wirkendes, segnendes Jesuskind mit verklärtem Blick und königlichem Gewand, das häufig eine Schriftrolle – das „Buch des Lebens" oder ein Symbol für Jesus' Weisheit – in den Händen trägt. Maria deutet mit ihrer rechten Hand auf das Jesuskind und damit auf den Weg der Erlösung. All dies trifft auf das auf Holz gearbeitete Bildnis der Madonna della Madia zu. Auch die Farbgebung lässt auf Konstantinopel schließen, und sie erinnert stark an die im 12. Jahrhundert dort entstandene berühmte „Gottesmutter von Wladimir".

Die monopolitanische Madonna lädt den Betrachter zu Gebet und Meditation ein. Egal, von welchem Blickwinkel aus man sie betrachtet, sie schaut einen immer an, mit süßer Melancholie und Wohlwollen. Sie zeichnet sich durch einige Besonderheiten aus: Sie hat große Augen, lange Augenbrauen, eine markante Nase und einen feinen Mund. Am Rand der Haube erkennt man, als auffälliges dekoratives Element, zickzackartige Spitzen, und in der Mitte einen Stern, das Symbol für die Jungfräulichkeit. Unten am Bildrand sind – sehr ungewöhnlich für Madonnenbildnisse – zwei kleine Figuren zu sehen: vom Betrachter aus links ein stehender Mönch, der eine große Kerze hält; er könnte aufgrund seiner roten Kutte aus dem Hodegon-Kloster in Konstantinopel stammen – genauso wie die Figur, die weiter rechts zu Füßen des Jesuskindes ruht. Das würde zur wahrscheinlichen Herkunft der Ikone passen. Obwohl: Man erzählte mir, dass die beiden Figuren wohl später hinzugefügt wurden.

Die Madonna della Madia soll Wunder gewirkt haben: 1528 soll sie die Soldaten des Marchese del Vasto in die Flucht geschlagen und 1691 eine Pestepidemie gestoppt haben.


## Don Peppino

Don Giuseppe Cito, von allen liebevoll Don Peppino genannt, der Rector ecclesiae der Kathedrale von Monopoli, ist der Hüter der Madonna. Ich lerne ihn an einem 24. Dezember kennen, als ich mir kurz vor

Beginn des Nachmittagsgottesdienstes in der Kirche „Santa Maria del Suffraggio" („Il Purgatorio"), die endlich einmal geöffnet ist, lediglich die wunderschöne Krippe ansehen möchte. Die Kirche ist bereits überfüllt. Ich will schnell wieder gehen, da bringt mir der Küster einen Stuhl, damit ich Platz nehmen kann. Aus Höflichkeit bleibe ich und erlebe den schönsten Gottesdienst meines Lebens. Don Peppino ist lustig (er foppt uns z. B. mit einem Werbespruch), herzlich und spirituell, es ist wunderbar. Als dann die Gemeinde „Stille Nacht, Heilige Nacht" auf Italienisch singt, bin ich in Tränen aufgelöst vor Rührung und in Erinnerung an längst vergangene Heiligabende im Kreise meiner Familie. Dank an den Küster!

## Die Ankunft der Madonna

Zweimal im Jahr, am 14. August und am 16. Dezember, dem tatsächlichen Tag ihrer Ankunft, wird die Anlandung der Madonna auf ihrem Floß feierlich nachgestellt. 2017 also nach genau 900 Jahren! Wobei ich auf einer Führung auf den Spuren der Madonna durch Monopoli erfahren habe, dass der 16.12.1117 gar nicht stimmen kann: Die Ikone scheint jüngeren Datums zu sein. Egal. Historie und Mythos vermischen sich hier. Und Jesus wurde schließlich auch nicht an einem 24. Dezember geboren.

Im Sommer 2017 bin ich leider nicht am 14. August in Monopoli, aber ich bekomme das Ende der Pilgertour der Ikone – den „Peregrinatio Mariae" – mit. Anlässlich des 900. Jubiläums der Ankunft der Madonna wurde die Kopie der Ikone, die sich, wie auch das Original, in der Kathedrale von Monopoli befindet, in verschiedenen Kirchen der Gemeinde Monopoli-Conversano ausgestellt und jeweils in feierlicher Prozession von einer Kirche in die nächste getragen. Als ich in Monopoli bin, ist die Ikone gerade auf ihrer letzten Etappe: Sie kehrt in die Kathedrale zurück, von der Kirche der Theresa von Àvila aus – eine Heilige, mit der ich mich auch in der Literatur sehr viel beschäftigt habe, und deren Kirche und Kloster ich sogar einmal im spanischen Àvila besucht habe.

Ich gehe in die schöne Kirche auf der großartigen Piazza Palmieri und wohne dem Gottesdienst zu Ehren der Madonna della Madia bei. Dann soll die Ikone in die Kathedrale zurückgebracht werden. Das verzögert sich: Der Aufbau, auf dem sie thront, ist zu breit, um durch den Mittelgang zu passen. Also müssen wir alle erst einmal die Kirchenbänke beiseiteschieben. Ich amüsiere mich. Und dann noch mehr, als die große Tür im hinteren Teil der Kirche klemmt. Aber dann kann es losgehen. Hinter die Madonna reiht sich ein Priester mit Ghetto Blaster ein (ich amüsiere mich weiter) und dann folgen die Gläubigen und ich. Es ist herrlich, ich lache nicht mehr, sondern bin ergriffen von der Spiritualität der Menschen, besonders der älteren Damen, die die

Madonna zu Musik und Rezitationen in die Kathedrale zurückbegleiten. Wir gehen durch die malerischen Gassen, die von vielen Menschen gesäumt werden. Ganz verheult komme ich an der Kathedrale an und muss erstmal in meine Unterkunft, um mich zu fassen. Nun verstehe ich endlich den Sinn solcher Prozessionen und die Wirkung, die sie auf Gläubige ausüben. Sogar auf mich, die ich nicht katholisch bin.

Je mehr ich mich mit der Madonna della Madia befasste, desto größer wurde mein Wunsch, einmal dabei zu sein, wenn ihre Ankunft nachgestellt wird. Glücklicherweise konnte ich diesen Wunsch inzwischen zweimal verwirklichen: 2019 und 2021.

Lange geschah das Anlegen des Floßes mit der Madonna im alten pittoresken Hafen der Stadt, in dem bis heute die Fischerboote dümpeln, auch die kleinen blauen „gozzi", aber dann wurde der Besucherandrang immer größer und man wich in das neue größere Hafenbecken „Cala Batteria" aus. Richtet sich die Veranstaltung am 14. August eher und zunehmend an die Touristen, ist die nachgestellte Ankunft der Madonna am 16. Dezember ein wichtiges religiöses und spirituelles Ereignis im Jahresablauf der Monopolitaner, für viele sicherlich sogar das wichtigste.

2019: In diesem Jahr habe ich es in der Weihnachtszeit geschafft: Ich bin zum Fest der Madonna in Monopoli! Bereits zwei Tage vor dem Festtag komme ich, stark erkältet und mal wieder ohne Stimme, an. Frische erst einmal Bekanntschaften auf, spreche bzw. krächze mit allen über die Madonna und die bevorstehende Anlandung, bin ganz in deren Bann und voller Vorfreude.

Allein, das Wetter ist schlecht. Ich habe Angst, dass die Zeremonie buchstäblich ins Wasser fallen wird, denn es regnet ohne Unterlass. Aber alle beruhigen mich: „Mach dir keine Sorgen, Sabine, wenn die Madonna kommt, hört es auf zu regnen".

Am 16. Dezember erwache ich in meiner Unterkunft schräg gegenüber der Kathedrale von Blaskapellenmusik, es duftet nach Weihrauch. Also schnell vor die Tür! Viele Menschen, meist Einwohner, ob jung, ob alt, sind schon in den Gassen unterwegs, ich gehe zum Porto Vecchio. Menschenleer, falscher Hafen. Also laufe ich den anderen Menschen nach, alle streben der Cala Batteria zu. Ich finde ein schönes Plätzchen oberhalb des Hafens an einer Mauer. So habe ich einen guten Überblick. Die Frau neben mir spricht mich sofort an, es ist Mara. Sie weiß sehr viel über die Madonna und ihre Geschichte und wird mir später während der Zeremonie alles erklären. Was für ein schöner Zufall!

Nun geht's los, ich bin aufgeregt und schon jetzt vor Rührung in Tränen aufgelöst. Warum, das weiß ich selbst nicht.

Inzwischen ist es sehr voll in der Cala Batteria, ich bin froh, so früh hier gewesen zu sein. Kirchenvertreter, auch Don Peppino, sprechen Grußworte und Gebete, Musik erklingt, und es naht die Prozession verschiedener geistlicher Vereinigungen und Gläubigen. Darunter der Erzbischof, Fischer und Jugendliche, die jüngst die Erste Kommunion bekommen haben. Alle haben sich vorher in der Kathedrale versammelt – viele von ihnen haben dort die ganze Nacht über gewacht. Aus den Lautsprechern ertönt ein Gebet an die Madonna della Madia. Männer in Taucheranzügen schießen Leuchtkugeln aus dem Wasser ab, dann bricht ein gewaltiges Feuerwerk los. Und da ist es! Da kommt es, das Floß mit einer großen Kopie der Madonnen-Ikone, die man gestern schon aus der Kathedrale geholt hat und der ich im Sommer 2017 durch die Gassen gefolgt bin. Ein herrlicher Anblick, die Madonna auf dem Floß, das von den traditionellen „gozzi" begleitet wird. Man applaudiert, klatscht, betet und singt, ich bin in meinen Grundfesten erschüttert. Ich glaube, es ist die höchst spirituelle Atmosphäre, die mich so berührt. Das Floß mit der Ikone nähert sich der Anlegestelle und fährt zurück, dann noch einmal. Erst beim dritten Mal legt es an. So will es die Tradition, die der Legende folgt, dass Mercurio im Jahre 1117 drei Versuche brauchte, um den Bischof Romualdo von der Ankunft der Balken zu überzeugen. Die Ikone wird festlich in Empfang genommen, es ertönen abermals Gebete und Gesänge. Erneut formiert sich die Prozession, ihr folgt auf einem geschmückten Wagen die Madonnen-Ikone, dahinter gehen die Besucher. Auch ich fädel mich ein, als der Wagen direkt an mir vorbeikommt und begleite ihn bis zur Kathedrale. Geregnet hat es nicht, also konnte ich nicht erleben, dass der Regen aufhört, wenn die Madonna ankommt.

Gegen Mittag gehe ich zum Stadtstrand, wo mich eine Frau sehr freundlich fragt, ob ich die Deutsche sei, die immer nach Monopoli kommt. Es ist Porzia, die mich über eine Facebook-Seite kennt. Was für eine nette Begegnung an diesem wunderbaren Tag!

Eigentlich wollte ich schon 2020 wieder bei der Anlandung der Madonna dabei sein, aber da kam sowohl ihr als auch mir die Corona-Pandemie in die Quere. 2021 herrscht sie zwar immer noch, aber trotzdem mache ich mich im Dezember wieder für drei Wochen nach Monopoli auf, um dem Spektakel erneut beizuwohnen und meine Recherchen abzuschließen. Diesmal gehe ich am 16. Dezember noch viel früher los, bin schon um 3:45 Uhr auf der Straße. Auf meinem Weg zur Cala Batteria höre ich jede Viertelstunde einen Donnerschlag – sicher, um die Bewohner zu wecken. Noch ist der Hafen menschenleer, ich finde einen Platz direkt unten an der Uferstraße. Sehr voll wird es in diesem Jahr nicht werden – coronabedingt, und weil es eiskalt ist. Die Prozedur ist dieselbe, das Feuerwerk erscheint mir indes etwas gemäßigter. Und wieder erscheint das Floß, legt erst beim dritten Mal an.

Alles wie zwei Jahre zuvor. Und doch nicht. Es scheint mir der Zauber zu fehlen. Dabei sind doch alle froh, dass es nach einem Jahr pandemiebedingter Pause nun wieder stattfindet. Haben wir uns alle verändert, oder sitzt uns die Angst vor der Krankheit noch im Nacken? Denn die Pandemie ist ja nicht vorbei, im Gegenteil: Auch in Italien steigen die Zahlen wieder enorm an, und als ich am 1. Januar 2022 nach Hause reise, ist Italien Risikogebiet. Oder ist es meine veränderte Wahrnehmung? Ich habe auf dieser letzten Rechercherreise einen anderen Blick, einen sachlicheren, schaue eher von außen auf mein „Studienobjekt". Und ich friere so. Genau in dem Moment, als die Madonna anlegt, fängt es an zu regnen. So ganz stimmt die wundersame Geschichte also doch nicht (am 16.12.2023 ist die ganze Veranstaltung ausgefallen, weil es so stürmisch war. Man trug die Ikone in festlicher Prozession zum Hafen und von dort in die Kathedrale zurück).

Ich bin inzwischen so durchgefroren und so durchnässt, dass ich nicht mehr abwarte, bis sich die Prozession mit der Madonna auf den Weg zur Kathedrale macht. Gehe lieber einen herrlichen caffè trinken, esse ein Croissant dazu, wärme mich in meiner hübschen Unterkunft auf und spaziere dann am Meer entlang zum Gottesdienst zu Ehren der Madonna in die Kathedrale. Hinterher gibt es draußen ein Konzert. Aber mir scheint, als höre keiner außer mir zu.

# Persönliche Erlebnisse

# Mit Gianni auf den Spuren des Olivenöls und einer Glocke

Der 27. Dezember 2019 wird mir auf immer unvergesslich bleiben. Mit Gianni, der mit seiner Frau Antonella das außergewöhnliche Geschäft „Apulia – La finestra sul mare" in der Via del Porto betreibt, mache ich wieder eine Exkursion. Oft war ich mit den beiden in der Umgebung Monopolis auf Tour, z. B. mit Antonella, um die Ausgrabungen von Egnazia, Felsenkirchen und Masserie zu besuchen. Die meist strahlend weißen und quaderförmigen Masserie waren einst als große, herrschaftliche Gutshöfe eine Welt für sich. Die ersten wurden schon im 13. Jahrhundert gebaut und wurden schnell zu landwirtschaftlichen und kulturellen Zentren mit großer ökonomischer und politischer Bedeutung. Konstruiert aus Tuff- oder Kalkgestein mit einer Außenmauer, einem großen Innenhof und oft einem zinnengekrönten Turm, in dem der Herrscher residierte, ähneln manche noch immer kleinen Schlössern. Es gab Behausungen für die Landarbeiter, Ställe, eine Ölmühle, einen Getreidespeicher und eine Kapelle, meist der Madonna vom Floß gewidmet oder dem jeweiligen Ortsheiligen, der oft namensgebend für die Contrade war. Viele der

Masserie waren nicht nur Landgüter, sondern zugleich Festungen mit Schießscharten oder Vorrichtungen, aus denen heiße Flüssigkeiten auf die Feinde gekippt wurden, mit hohen Mauern, uneinsehbaren Ausgucken, Ziehbrücken und Gräben. Zunächst musste man sich gegen Piraten verteidigen, dann gegen das Raubrittertum. Dann kamen jahrhundertelang immer andere Eindringlinge, die es, unterstützt von Wachtürmen an der Küstenlinie, abzuwehren galt. Die wichtigsten Masserie waren Caramanna, Conchia, Garrappa, Lamafico, Spina Grande und Spina Piccola. Etliche der bildschönen Landgüter existieren noch immer. Verteidigen müssen sie sich nicht mehr – höchstens gegen den Tourismus: Viele wurden in Restaurants oder gar Diskotheken umgewandelt oder dienen nun als komfortable Unterkünfte. Letzteres ist durchaus zu begrüßen, können sie doch dadurch erhalten werden. Und einige fungieren sogar weiterhin als landwirtschaftliche Betriebe.

Mehrere Masserie besuche ich bei meinem ersten Ausflug mit Antonella. Die erste, die Masseria Zaccaria, ist noch bewohnt. Ich staune sehr, unter dem Wohnzimmer im alltäglich genutzten Keller eine Felsenkirche zu sehen – und in einem anderen Raum die Reste einer Franziskanerkirche! Ein paar Jahre später besuche ich mit Antonella die Felsenansiedlung Santi Andrea e Procopio – großartig!

Das sogenannte „habitat rupestre" entsteht in Apulien, als die Bewohner nach dem Ende des

Römischen Reiches vor den verschiedenen Invasoren flüchten mussten und sich nahe der Flussläufe unterirdische Städte bauten, in denen Kirchen nicht fehlen durften. Besonders beeindruckend sind in ihnen die meist byzantinischen Fresken, deren einstige Farbenpracht man sich immer noch gut vorstellen kann. Auch direkt unter der Stadt Monopoli gibt es zwei Felsenkirchen: die „Madonna del Soccorso" und die „Santa Maria Amalfitana".

An diesem 27. Dezember 2019 bin ich also per Auto mit Gianni auf den Spuren des Olivenöls unterwegs. Allein das ist schon großartig: Auf blühenden Wiesen unter uralten Olivenbäumen und blauem Himmel erzählt Gianni mir sehr viel über die Geschichte und Produktion des Olivenöls und der verschiedenen Sorten – hochinteressant!

Wir besuchen auch den größten Olivenbaum der Region bei „Cristo delle Zolle". Der ist über 1000 Jahre alt. Warum sich die Stämme der Olivenbäume in einigen Regionen Europas links, in anderen rechts herumdrehen, hat man noch nicht herausgefunden. Dann fahren wir zum „Vivai Capitanio".

Auf dem Gelände befindet sich nicht nur der verwunschene Botanische Garten „Lama degli Ulivi", sondern ganz versteckt auch die Felsenkirche „Santa Cecilia". Was für eine Überraschung! Gianni wirft erstmal einen Stein in den dunklen höhlenartigen Eingang, um eventuelle Tiere zu vertreiben. Mich gruselt es, aber ich reiße mich zusammen und krieche vertrauensvoll mit ihm hinein. Aber nachtblind wie ich bin, sehe ich: nichts. Gianni rät mir, die Augen kurz zu schließen – und als ich sie wieder öffne, entdecke ich die wunderbaren farbenfrohen Fresken an den grob behauenen Wänden der uralten verborgenen Kirche.

Weiter geht es zu einer mittelalterlichen, sorgfältig restaurierten Ölmühle auf der Masseria Mammella, wo ich freundschaftlich begrüßt werde, mit der Familie am Tisch sitze und Kaffee und Kuchen bekomme.

Zwei Jahre später werden wir, als Kontrast, auch das „Oleificio Rotondo" besuchen, eine moderne Ölmühle, wo ich mir genau ansehen kann, wie das Öl heutzutage hergestellt wird. Der sympathische Besitzer selbst erklärt mir viel.

Die erste Exkursion in die Welt des Olivenöls hat eine fantastische Fortsetzung: Kurz vor meiner Abreise nach Monopoli hatte ich „zufällig" auf arte den Dokumentarfilm *Eine neue Glocke für Monopoli* (im Rahmen der *360-Grad Geo-Reportagen*) aus dem Jahr 2018 gesehen.

Es geht in dem Film um die traditionelle und wohl berühmteste italienische Glockengießerei „Marinelli" in Agnone, in der seit über 1000 Jahren Glocken hergestellt werden. Hier hatte die monopolitanische Contrada Antonelli eine neue Glocke für ihre seit Jahren nicht mehr läutende Kirche „Santa Maria Regina" in Auftrag gegeben. Der dortige Gemeindepfarrer Don Vincenzo hatte Spendengelder dafür gesammelt und war persönlich nach Agnone gereist, um die neue Glocke nach einem alten Ritual zu segnen.

Mich hatte die Dokumentation verständlicherweise sehr fasziniert, ging es doch um „mein" Monopoli, und so frage ich Gianni, ob wir am Ende unserer Tour nach Antonelli fahren könnten. Er ist gern dazu bereit, und so geht es durch eine wunderbare Landschaft hinauf in den kleinen Ort. Vor der Kirche Santa Maria Regina halten wir, ich sehe und bewundere die neue Glocke und freue mich. Denkend, es ginge nun zurück nach Monopoli. Aber nein, Gianni, der Gute, der schon längst Überstunden für mich macht, zeigt mir auch das Innere der Kirche. Und da ist auch er, Don Vincenzo! Gianni erzählt ihm, warum ich dort bin, Don Vincenzo ist begeistert, berichtet mir enthusiastisch von den Dreharbeiten und seinen Erlebnissen rund um Glocke und Film. Zu schön ist das.

Auf einmal verschwindet der Priester in einer kleinen Kammer, Gianni und ich wundern uns. Und dann höre ich sie, die Glocke: Don Vincenzo läutet sie für mich, nur für mich. Wir gehen hinaus. Der Glockenklang schallt über die herrliche Landschaft. Mir laufen die Tränen hinunter. Dorfbewohner kommen herbei, Don Vincenzo erklärt, warum die Glocke läutet: „Sabine ist da, sie ist aus Deutschland gekommen, weil sie den Film über uns gesehen hat!" Alle begrüßen mich.

Noch nie hat mich etwas in meinem Leben so berührt. Mich mühsam beherrschend, trete ich mit Gianni die Rückfahrt an.

Ich werde ihm und Don Vincenzo nie vergessen, was sie mir an jenem sonnigen Dezembertag kurz nach Weihnachten bescherten.

Unsere Tour endet in der Via Porto, in Giannis Laden. Da suche ich mir einige Produkte aus – Mitbringsel für die Daheimgebliebenen, und für mich eine kleine Madonna auf ihrem Floß sowie eine ganz besondere Weihnachtskrippe, eingearbeitet in einen traditonellen „pomo" aus Keramik. Diese „pomi" findet man in Apulien zahlreich auf den Balkonen; sie gelten als Glückbringer. In der Corona-Pandemie fehlte mir übrigens Monopoli so sehr, dass ich in Giannis und Antonellas Onlineshop einen Großeinkauf machte und vor Freude ganz außer mir war, als das Paket bei mir eintraf: mit Olivenöl und traditionellen Keramikprodukten. Darunter eine „Sponza frise" – das ist eine spezielle Schüssel, die man mit Wasser füllt und dort das für Apulien typische steinharte Brot „friselle" einweicht und dann zum Abtropfen und Belegen auf den verbreiterten, gelöcherten Schüsselrand legt. Toll! Dass ich einmal den Spott meines Vermieters auf meiner Seite hatte, als ich ihm erzählte, dass ich das harte Brot uneingeweicht probiert hatte, ist klar. Touristen können ganz schön blöd sein …

Nach der traumhaften Exkursion und dem Erlebnis mit Don Vincenzo bade ich erstmal am schönen Stadtstrand, um mich etwas zu beruhigen und mache mich dann auf in die Via Einstein – zu Palmitessa Giocattoli.

# Palmitessa Giocattoli

In der Einleitung schrieb ich es bereits: Vor vielen Jahren, irgendwann Anfang der 1990er, war ich als Übersetzerin auf den Namen Monopoli und den Spieleladen gestoßen und hatte mich sehr darüber amüsiert. Niemals hätte ich damals gedacht, dass ich Stadt und Geschäft ca. 30 Jahre später so gut kennenlernen würde. Vergessen hatte ich die Geschichte aber nie. Deshalb machten wir, mein damaliger Lebensgefährte und ich, uns gleich bei unserem ersten Monopoli-Aufenthalt im Jahre 2014 auf den Weg, um Palmitessa Giocattoli zu besuchen. Was für eine Überraschung – der ganze Platz scheint aus dem Spieleladen zu bestehen, mehrere Schaufenster umsäumen ihn quasi. Hinein, hinein! Ein Spielwarenparadies für groß und klein tat sich auf. Natürlich – und das ist nun besonders interessant – gab und gibt es eine Monopoly-Ecke mit zig Ausgaben des Kultspiels, das bei den Monopolitanern sehr beliebt ist.

Ich hörte eines Tages, dass man plante, ein „Freiluft-Monopoly" auf der schönen Piazza Garibaldi zu bauen, so wie wir es von Outdoor-Schachspielen kennen. Ob ein solcher Plan, den ich für großartig halte, je in die Tat umgesetzt wird, das weiß ich nicht. Ich wäre dafür! Aber was Palmitessa Giocattoli geschafft hat, ist mindestens genauso spektakulär: Ende 2021 kam „Monopoli Monopoly" auf den Markt.

Ich finde das großartig. Es war gar nicht so einfach wegen der US-amerikanischen Firma Parker, die die Rechte an allen Monopoly-Ausgaben hat. Aber es ist geglückt und steht nun mit vielen anderen italienischen Spielen bei mir im Schrank und wird regelmäßig in meinen Sprachkursen verwendet. Woher die meisten dieser Spiele stammen, ist wohl klar: von Palmitessa Giocattoli! Entweder nach einem caffè mit den Inhabern direkt eingekauft und mitgenommen oder einmal, als der Appetit größer als der Koffer war, ausgesucht und nach Hause schicken lassen. Eine Nachbarin nahm das Paket an und wunderte sich über die Absenderstadt Monopoli. Als ich ihr sagte, es seien Spiele darin, war das Erstaunen noch größer. So schloss sich der Kreis mit dem Erlebnis vor Jahrzehnten. Auch ich habe ein Monopoli-Spiel entworfen, das ich in meinen Kursen verwende. Sollte ich es vielleicht vermarkten?

## Manuel Neuer und der
## Tourismus in Monopoli

Am 10. Juni 2017 mache ich einen Ausflug noch weiter hinunter in den Süden: in die Barockstadt Lecce, die ich Jahre später, im Dezember 2023, noch viel besser kennenlernen sollte, als ich dort einen Vortrag über Curzio Malaparte halte. Das weiß ich jetzt noch nicht, als ich mich auf den Weg zum Bahnhof mache. Auch nicht, warum ich nur rechts die Straße entlanggehen kann, weil linker Hand,

Richtung Kathedrale, alles abgesperrt ist. Ich genieße erstmal, fast immer das Meer im Blick, die herrliche Bahnfahrt durch schier endlose Anpflanzungen von Olivenbäumen. Lecce begeistert mich mit seiner barocken Architektur, seinen beiden Amphitheatern und seiner damit im Kontrast stehenden lockeren und jungen Atmosphäre, in die alteingesessene Läden wie „Corrado Marazia" eingebettet sind, wo ich 2023 einen handgewebten Traum von Leinendecke erwerbe. Gino Leineweber, der Herausgeber dieses Buches, ist dabei. Er erzählt dem Besitzer auf Italienisch, wie er heißt. Der breitet plötzlich Stoffbahnen vor ihm aus und beginnt ein Fachgespräch. Kleine Verwechslung: Er hat verstanden, dass Leineweber nicht Ginos Nachname, sondern sein Beruf ist.

Zurück ins Jahr 2017: Auf meinem Bummel entdecke ich auch die vielen Pappmaché-Figuren, eine alte Handwerkskunst, die ganz typisch für Lecce ist (inzwischen wurde ich ob meiner Begeisterung zu einem Kurs eingeladen, aber untalentiert wie ich in solchen Dingen bin, frage ich mich, ob ich den wirklich machen sollte), kehre immer mal wieder auf ein kühles Getränk ein, gönne mir eine süße Spezialität bei „Natale" und sehe zu, dass ich zum Bahnhof zurückkomme: Es ist mir an diesem Junitag hier unten im Salento einfach zu heiß, und das will etwas heißen bei mir.

Als ich wieder in Monopoli bin, erfahre ich, warum „meine" Straße schon morgens abgesperrt war. Das ging einem großen Teil der Altstadt so, denn abzuschirmende und zu schützende Prominenz war in der Stadt: Manuel Neuer, der Torwart, der mit der deutschen Nationalmannschaft 2014 in Brasilien Fußballweltmeister geworden ist. Er hat in der Kathedrale von Monopoli – an Krücken, kurz zuvor beim Viertelfinale der Champions League hatte er sich den Fuß gebrochen – Nina Weiß geheiratet. Inzwischen sind die beiden wieder geschieden. Über die Hochzeit des Nationaltorwarts berichteten die deutschen Zeitungen – Monopoli war in Deutschland in der Presse und Tagesgespräch! Nicht immer uneingeschränkt positiv. Am 10.6.2017 stand etwa in der *Süddeutschen Zeitung*: „Monopoli in Italien, eine unscheinbare Kleinstadt, nur knapp 50 000 Einwohner. Dem Städtchen in der Region Apulien an der Adria, von dem vor diesem Wochenende wahrscheinlich nur eingefleischte Italienurlauber jemals etwas gehört haben, hat Manuel Neuer zu ein wenig Ruhm verholfen …“ Unscheinbar? Nein. Und schon vor Neuers Hochzeit hatten deutsche Touristen diese Perle an der Adria entdeckt. Auch durch die Presse – so z. B. wurde bereits 2012 im *Spiegel* über Monopoli berichtet und 2014 in der Frauenzeitschrift *Brigitte*. In den letzten Jahren erschienen viele Artikel über Monopoli: 2023 in *Adesso*, 2022 in *Merian*, und ich selbst schrieb schon 2020 über meine Herzensstadt in einer Beilage von *Die Zeit* über Monopoli, das ich in meinem Artikel als „kleine Hafenstadt von nahezu überirdischer Schönheit" beschreibe. Und ich erzählte sehr viel von ihr. Deutsche und ita-lienische Freunde machten sich deshalb auf den Weg, verbrachten zum Teil gleich mehrere Wochen in Monopoli oder kamen mich dort gar besuchen. So gleich vier meiner Italienischschüler, mit denen mich inzwischen eine enge Freundschaft verbindet. Sie verbringen über den Jahreswechsel 2019/20 relativ spontan einige Tage in Monopoli. Nie vergesse ich den herrlichen Moment, als alle zur Silvesterfeier bei mir in der Via Cattedrale vor der Tür stehen – die eine Freundin mit einem geräucherten Aal vom Hamburger Fischmarkt in den Händen. Das hat die Stadt bestimmt noch nicht gesehen, und der Aal fügt sich gut in mein süditalienisches Büffet ein.

Die Haustür in der Via Cattedrale ist des Öfteren Ort ungewöhnlicher Vorgänge: Eines frühen Winterabends mache ich es mir lesend, schreibend und fernsehend in meinem Schlafzimmer gemütlich, als ich laute Geräusche an der Haustür höre. Klingt nach Einbrecher. Vorsichtig gehe ich, im Nachthemd, an die Tür, und tatsächlich ist gerade jemand dabei, ins Haus einzudringen. Vor lauter Schreck reagiere ich völlig unvernünftig, reiße die Tür auf und brülle los. Der Angebrüllte ist genauso erschrocken wie ich: Es ist ein harmloser Handwerker, der von meinem Vermieter Cesare beauftragt wurde, die Tür aufzubrechen. Der erscheint nun auch und brüllt wiederum mich an. Alles auf offener Straße, ich im Nachthemd. Als alle sich wieder einigermaßen beruhigt haben, klärt es sich auf: Mein Vermieter hatte mir Handtücher vorbeibringen wollen. Da ich auf sein Klingeln hin nicht öffnete, wollte er die Tür aufschließen, weil er annahm, ich sei nicht zu Hause.

Das ging aber nicht, da der Schlüssel von innen steckte. Da dachte er, dass ich, die er ja aushäusig wähnte, den Schlüssel drinnen vergessen hatte. Er engagierte schnurstracks einen Handwerker, der die Tür aufbrechen sollte … Dabei habe ich doch nur völlig unschuldig im Bett gelegen und das Klingeln nicht gehört. Als es heißt, ich solle den Handwerker bezahlen, geht das Theater von vorn los. Da muss der Handwerker lachen, dann auch Cesare und ich, und die Situation löst sich in Wohlgefallen auf. Bezahlen muss ich nichts.

Eine vermeintlich den Schlüssel steckenlassende Touristin ist das kleinste Problem. Das größere ist die Menge an Menschen, die Monopoli inzwischen in den Sommermonaten und auch zu Weihnachten schier überflutet. Da gibt es eine regelrechte „Movida" in der Altstadt, und es ist, gerade abends und nachts, vielerorts so laut, dass zahlreiche Monopolitaner ihre Wohnungen im historischen Zentrum aufgegeben haben, an den Stadtrand gezogen sind oder sich außerhalb der Stadt angesiedelt haben. Sehr viele der kleinen Wohnungen mit ihren Gewölbedecken in den traditionellen schmalen hohen Häusern mit meist steilen Steintreppen sind zu Ferienunterkünften umgebaut worden. So kommen immer mehr und mehr Touristen. Souvenirläden u. ä. entstehen und vertreiben die alteingesessenen Geschäfte. Aber auch, wenn der Tourismus inzwischen Monopoli entdeckt hat oder Monopoli den Tourismus, ist es immer noch ein lohnendes Reiseziel. Denn der Ort hat sich, im Gegensatz zu vielen anderen, trotz allem seinen ursprünglichen Charakter zum größten Teil bewahrt. Und wer so gern am Strand ist und badet wie ich, für den ist Monopoli mit seinen vielen schönen Stränden eh ein Paradies.

## Sonnenaufgang?

Ein Erlebnis der besonderen Art habe ich im Dezember 2022. Ich komme vom Einkaufen zurück, gehe am Wasser entlang. Es ist schon dunkel, vielleicht so 18 Uhr. Ich stehe an einer Ufermauer und schaue übers Meer. Da erscheint am Horizont plötzlich ein heller Schimmer, und eine riesige rot leuchtende Scheibe kommt aus dem Meer. Ich bin völlig irritiert, ja verängstigt. Was ist hier denn los? Wieso geht abends die Sonne auf? Anderen Touristen, offenbar genauso dumm wie ich, geht es genauso. Dann begreifen wir es plötzlich: Der Mond geht auf! Und es ist Vollmond. Knallrot. Das hatte ich vorher noch nie erlebt, und es gehört zu den stärksten optischen Eindrücken, die ich je hatte. Ganz begeistert erzähle ich verschiedenen Einheimischen davon. Die können meinen Enthusiasmus nicht ganz begreifen – klar, das sehen die oft.

## Das Wort elettricista (Elektriker)

Immer wieder geht es bei meinem Aufenthalt im Dezember 2022 um einen Elektriker, den „elettricista". So oft wie in diesen drei Wochen habe ich das

Wort, auch das deutsche, mein ganzes Leben zusammengenommen nicht verwendet. Immer ist irgendwas in der Wohnung, mal lässt sich der lautstarke Fernseher nicht ausschalten, immer mal wieder ist der Strom weg, ständig fällt deshalb das Wort auch am Telefon. In dieser Zeit kaufe ich für meine Italienischkurse das Sprachspiel „Contatto". In der Wohnung öffne ich den Spielekasten und lange hinein in hunderte von Wortkarten. Welche ziehe ich zuerst? „elettricista". Man glaubt es doch nicht.

## Der Oktopus

Mir ist nach Oktopus. Also auf in meinen Lieblingsfischladen „L'Angolo del Mare". Fertiggekocht und abgepackt möchte ich ihn haben, doch der nette Fischhändler schlägt die Hände über dem Kopf zusammen. Frisch soll ich ihn machen … Nach einigen Protestversuchen meinerseits gebe ich mich geschlagen und lasse mir ein möglichst kleines Exemplar einpacken. Wohl ist mir nicht dabei, das arme Tier. Natürlich ist es schon tot, aber ich grusel mich ein wenig vor dem Inhalt meiner Einkaufstasche. Doch ich reiße mich zusammen, setze einen Topf mit Wasser auf, lasse es kochen und rein mit dem Oktopus. Zack, genau in dem Moment fällt der Strom aus. Und kommt nicht wieder. Rache der geschundenen Natur? Klar, der elettricista ist nicht erreichbar, es ist schon spät am Abend. Aber mein Wirt: Ich muss in eine andere Wohnung wechseln, drei Stockwerke über mir. Die Steintreppen sind steil, die Stufen hoch, ich bin klein. Was ich so über Nacht brauche, muss mit nach oben, auch das ganze Bettzeug, alles kein größeres Problem. Dann aber fällt mir der arme Oktopus in seinem Topf ein. Also wieder runter. Es folgt etwas aus dem Kapitel „Dinge, die man nur einmal macht": Ich wuchte den großen Topf mit dem Oktopus die Treppen hoch. Setze ihn oben wieder auf und genieße ihn später, angemacht mit Knoblauch, Öl und Zitrone, dazu gekochte Kartoffeln. Eines meiner köstlichsten und ungewöhnlichsten Essen überhaupt. Am nächsten Morgen ist der Strom wieder da. Ich ziehe wieder um.

## Monopolitaner in Hamburg-Ottensen

Ich möchte mein Buch mit einer wundersamen Geschichte beenden, die meine Heimatstadt Hamburg, ja sogar meinen Stadtteil Ottensen, mit Monopoli verbindet. Ganz in meiner Nähe befindet sich eine der wenigen katholischen Kirchen der Stadt: „St. Marien". Seit ich mich mit der Madonna della Madia beschäftige, gehe ich manchmal hinein, um die dortige Madonnen-Ikone zu besuchen. Früher war mir die nie aufgefallen. Es soll sich um „Unsere Liebe Frau von der Ewigen Hilfe" handeln, die auch in Monopoli zu sehen ist („La Madonna del Soccorso"). Wie ich erfuhr, hat eine Gruppe von ca. 20 Monopolitanern um 2005 herum genau zu dieser Ikone eine

Pilgerfahrt gemacht. 700 m von mir entfernt. „Die Madonna vereint uns unter ihrem Mantel", schrieb mir einer von ihnen vor einigen Jahren dazu.

# Hinweise und Empfehlungen

## Unterkünfte
Carpe Diem, Largo S. Giovanni 18
www.bebcarpediemonopoli.it

## Restaurants

Meine beiden Lieblinge:
Ristorante Piazza Palmieri, Largo Palmieri 3
Mitten in der Altstadt; moderne, leichte Küche, toll an-
gerichtet, unschlagbares Preis-Leistungs-Verhältnis.
Ristorante Lido Bianco, Via Procaccia 4
Etwas außerhalb, auf einer Klippe vor dem Strand Porto
Bianco; traditionell und schick zugleich, mit atem-
beraubendem Blick übers Meer; hier werden auch Fami-
lienfeste gefeiert. Spezialität: rohe Meeresfrüchte. Und
hier esse ich den besten Nachtisch meines Lebens: ein
Oliveneis mit Schokoladen-Kern, als Topping grobes
Salz und ein Hauch Olivenöl – eine wahre Geschmacks-
explosion.

In der Altstadt
Trattoria da ziOttavio, Via Barbacana, 77
Trattoria da Pierino l'Inglese, Via Amalfitana 14
The King Street Food, Via Orazio Comes 31; mit Büchern
zum Schmökern, auch viele über Monopoli.

Im Centro Murratiano
Cime di Tapas, Corso Umberto I 8–10; jung und modern,
auch vegetarische und vegane Speisen.
Pizzeria Ai Portici, Via Milazzo 26

Außerhalb
Ristorante Porto Rosso, Via Tommaso Moro 2 zwischen
den Stränden Porto Bianco und Porto Rosso.

## Bars & Cafés

Caffè Roma, Largo Vescovado 1
THE Place to be in Monopoli, mit herrlichem Kaffee,
köstlichen Küchlein und Torten, prämiertem Eis, lohnt
sich zu jeder Tageszeit, es ist immer etwas los. Eine Institution seit 1851.
Caffè Napoli, Via Giuseppe Garibaldi 2, auch eine Institution in Monopoli, direkt am Rathaus. Es gibt z. B. gute
Cocktails und einen schönen Außenbereich.

## Meine Lieblingsläden

Markt
Nicht versäumen sollte man den kilometerlangen Markt,
der jeden Dienstag von 8–13 Uhr in der Neustadt
stattfindet: Piazza Falcone e Borselino, Via Palmiro
Togliatti, Via Benedetto Croce, Via Trieste, Via Cosimo
Pisonio, Via Ippolito Nievo. Hier gibt es alles, was man
sich denken kann, auf dem letzten Stück auch lokale Le-
bensmittel.

Gemischtwarenläden
Alimentari XX Settembre, Piazza Alessandro Manzoni 3
Minimarket, Via Orazio Comes 24

Carrefour Express, Via Vecchia S. Francesco di Paola
6/A. Nicht weit vom Strand Porto Bianco entfernt,
weshalb einmal ein Schild im Fenster hing mit der Bitte,
man möge den Laden nicht in Badekleidung betreten …
Apulische Spezialitäten
La Bottega di Celeste e Tea, Via Europa Libera 5
Azienda Agricola Annese, Piazza Vittorio Emanele II 57
Che Buono, Piazza XX Settembre 21
Frantoio Pacello Shop, Via Barbacana 80

Bäckereien
Forno San Marco, Via G. Poligani 13
Panificio Fortunato, 1975, Via Cappuccino 45

Obst und Gemüse
Centro Ortofrutta, Piazza XX Settembre 25
Carrieri Damiano, Via San Vincenzo 25
Frutta e Verdura, Via Europa Libera 5/A

Fischgeschäfte
L'Angolo del Mare, Via Giuseppe Polignani 25
Bed Bed, Via G. Polignani; spezialisiert auf Muscheln.

Fleischerei
Macelleria XX Settembre, Piazza XX Settembre

Hochwertige Souvenirs
Apulia – La finestra sul mare, Via Porto 8–12
www.apulia.shopping

Kleidung & Accessoires
Valentina Boutique, Via Giuseppe Garibaldi 58

Buchhandlung
Libreria Minopolis, Via Urbano Rattazzi 18/20

Spielwaren
Palmitessa Giocattoli, Via A. Einstein 26
palmigiochi.it

# Literaturhinweise


*Abbàssce u Pejise Vècchje – Down the old Part of the Town*,
Associazione Culturale Pietre Vive, Schena Editore,
Fasano 2007.
*Adesso: Puglia*, Zeit Verlag, September 2023.
*Fjúre, sèmpre fjúre. Schéndele, sèbe schèndele*, Luigi Reho,
Schena Editore, Fasano 1994.
*Il Manto della Madre – La Basilica della Madonna in
Monopoli*, Schena Editore, 1990.
*Italien neu entdecken*, Merian, Jahreszeitenverlag,
Mai 2022.
*Madonna della Madia 2019*, Comitato Festa Patria
Monopoli, Monopoli 2019.
*Mit Krücken zum Altar*, Süddeutsche Zeitung, 10.6.2017.
*Monopoli. A Fishing Village in Apulia*, Stefan Braun,
slanted Publishers, 2020.
*Monopoli città unica*, Zaccariaedizioni, Fasano 1996.
*Monopoli da Vivere. Guida dell'accoglienza*,
Le Specchie s.r.l., 2013.
*Monopoli in Apulien. Ziehen Sie die Ereigniskarte!* Helge
Sobik, Der Spiegel, 28.6.2012.
*Puglia. Tra cielo e mare – Between sea and sky*, Sime Books.
*Peregrinatio Mariae*, Diocesi di Conversano-Monopoli
2017.
*Santuario Maria Regina Antonelli*, Editrice AGA,
Alberobello.
*Spiagge in Puglia – Beaches of Apulia, 100+*, Sime Srl.
*Verliebt in den tiefen Süden*, Annette Rübesamen,
Brigitte, 18/2014.

Monopoli in Puglia
Sulle tracce della Madonna della Madia

## Biografia

Sabine Witt, nata nel 1960 ad Amburgo. Qui ha studiato romanistica, germanistica e storia dell'arte; 1994-2006 docente di letteratura romanza presso le Università di Amburgo e Brema; pubblicazioni e conferenze sulla letteratura italiana e spagnola; redattrice, traduttrice, correttrice, insegnante d'italiano; docente di letteratura; guida della città di Amburgo; presidente dell'Associazione degli Autori di Amburgo dal 2015.

# Prefazione

Monopoli! Conoscevo il nome di questa città pugliese da molto prima di andarci: tanti anni fa lavoravo come traduttrice in un'agenzia di informazioni creditizie e un giorno dovetti tradurre un testo su un negozio di giochi che si trovava a Monopoli. Quante risate ci siamo fatte! All'epoca non immaginavo che, circa 30 anni dopo, avrei ricevuto un grosso pacco da questo stesso negozio – Palmitessa Giocattoli – pieno di giochi acquistati in loco. Né mi rendevo conto che mi sarei innamorata perdutamente di questa città meravigliosa e unica e che ci sarei tornata più volte.

Avevo dimenticato da tempo il divertente aneddoto della traduzione quando nel 2014 mi iscrissi a un congresso di italianisti a Bari. Volevo prolungarlo con una vacanza – ma dove? La Puglia era una delle poche regioni che non conoscevo. Comprai una guida turistica e mi imbattei "casualmente" (non credo alle coincidenze) nel nome "Monopoli", ne vidi le foto, ne lessi le descrizioni: dovevo andarci!

Ed è così che è successo. Ho trascorso giorni bellissimi nell'estate 2014 in questa vecchia città sul mare, che, nel frattempo, il turismo aveva scoperto e che, dopo tanti anni bui, era stata imbiancata e ravvivata.

Ho conosciuto molta gente del posto, ho fatto amicizia e mi sono sempre più appassionata della Patrona del paese, la Madonna della Madia, che si incontra dappertutto nel centro storico.

A lei e a tutti gli abitanti di Monopoli è dedicato questo libro.

Sabine Witt
Luglio 2024

La città di Monopoli

## Storia della città e del suo nome

Monopoli si trova sulla costa adriatica italiana meridionale, a circa 40 km a sud di Bari e a pochi chilometri a nord dalle rovine dell'antica Egnazia – in altre parole, sul "tacco dello stivale". Le sue origini risalgono all'età del bronzo. Il successivo piccolo insediamento messapico, costituito da capanne, fu poi conquistato dai Romani, che lo trasformarono in un porto militare; seguirono poi i Longobardi, i Saraceni, i Normanni, i Bizantini, gli Hohenstaufen, gli Spagnoli, gli Asburgo, i Borboni ed altri. Sotto il dominio di Venezia (dal 1484), la città conobbe un *boom* economico grazie all'espansione del porto e al commercio di vino, olio, pane di San Giovanni e mandorle.

Tutti questi abitanti e governanti hanno lasciato tracce visibili nella città fino ad oggi – e anche nel nome Monopoli: nel XVIII secolo, Alessandro Nardelli scrive nel suo libro *La Minopoli* che l'insediamento sarebbe stato chiamato "Minopoli", dal nome di Minos, il sovrano di Creta. Infatti, i Messapi – come racconta lo storico greco Erodoto – discenderebbero dai Cretesi. Il nome sarebbe cambiato da "Minopoli" a "Monopoli" (in greco monos polis – l'unica città): l'unica città che aveva adottato la nuova religione, il cristianesimo. La somiglianza con il noto gioco da tavolo americano è quindi una coincidenza. Ma la città ne ha certamente approfittato. E anche se a Monopoli non c'è un mondano Parco della Vittoria, che corrisponde nella versione tedesca del gioco Monopoly al Viale del Castello, c'è il grazioso e tortuoso Vicolo del Castello.

## Il dialetto

Se arrivate a Monopoli da straniero con una certa conoscenza dell'italiano, non potreste – come me – capire un cavolo, perché il dialetto monopolitano (vernacolo monopolitano, *djalètte munepletène*), che appartiene alla famiglia dei dialetti della città di Bari, è di difficilissima comprensione. Come la maggior parte dei dialetti italiani, il monopolitano è una lingua quasi esclusivamente orale che viene parlata nella vita quotidiana. Per questo motivo non esiste una trascrizione chiara, inoltre particolarmente difficile a causa delle differenze fonetiche con l'italiano. Tuttavia, esistono dizionari e letteratura in monopolitano, che, come tutte le lingue romanze, trae origine dal latino. Su di esso si è innestato un substrato di idiomi preesistenti: il greco bizantino, l'arabo, il francese, le lingue germaniche e slave e lo spagnolo hanno plasmato il dialetto nel corso dei secoli, attraverso il susseguirsi delle diverse dominazioni straniere. Questo "mix selvaggio", povero anche di vocali, non è comprensibile per chi non è

madrelingua e risulta difficile anche per gli italiani
provenienti da altre regioni. Guardate voi stessi:

Due proverbi (da *Monopoli città unica*, Zaccariae-
dizioni, Fasano 1996):
Acce sòffre p'emore, na' s-sènde delore
Chi soffre per amore, non bada a dolore.


Acce spàrte j-ève a màle pàrte.
Chi divide, ha la mala parte.


E una poesia (da *Fjúre, sèmpre fjúre. Schéndele, sèbe
schèndele*, Luigi Reho, Schena Editore, Fasano 1994):

Trèse vulènne i r-rúsce u muschelóne,
bàtte `ndu spècchje i p-po sópe â vetrète. -
Aggìre, aggìre, aggìre `ndruvelète,
prìme d'accjàrse â vìgghje dē u purtòne. -

Entra volando e brontola il moscone,
sbattendo sullo specchio e la vetrata. -
Gira veloce, gira assei turbato,
ma imbocca infine la via del portone.


## Monopoli oggi

Monopoli ha una popolazione di poco inferiore a
50.000 abitanti nel 2024 e, oltre al turismo, la pesca,
l'agricoltura e la produzione di olio d'oliva svolgono
un ruolo economico rivelante.

Un cementificio che era importante per il mercato del lavoro della regione è stato chiuso nel 1983, però restano attive la "Mer Mec" (un'azienda industriale nel settore ferroviario), una fabbrica di articoli in pelle e un'altra che produce tubi in poliuretano. Anche l'artigianato è ancora presente: la falegnameria, l'arte di costruire e riparare i muri a secco e la muratura.

Di maggiore interesse per i visitatori sono i numerosi piccoli negozi tradizionali all'interno e intorno al tortuoso centro storico e quelli più grandi e moderni della città nuova, il "Centro Murattiano", costruito a metà del XIX secolo appositamente extra moenia e che, come molte città della costa pugliese, si estende nell'entroterra come una scacchiera. Il "salotto" della città vecchia è la bella Piazza Garibaldi, mentre quello della città nuova è Piazza Vittorio Emanuele II, considerata una delle più grandi e belle piazze d'Italia. Confinando con la città vecchia, quest'ultima, collega elegantemente i due quartieri. È circondata da bar, ristoranti e negozi e è attraversata al centro da un grande viale.

Ad un lato del viale si trova il monumento per il Milite Ignoto, eretto nel 1924 e dall'altro lato una magnifica fontana attorno alla quale sono indicati tutti i venti nelle rispettive direzioni. La piazza è utilizzata in vari modi: le persone ci giocano, leggono e ci si incontrano.

E confinante con la città vecchia che collega elegantemente i due quartieri. È circondata da bar, ristoranti e negozi, con Vi si svolgono regolarmente eventi culturali e mercatini, tra cui il mercatino di Natale – spesso con una grande pista di pattinaggio sul ghiaccio e una casetta dove Babbo Natale vive e può essere visitato, per la gioia dei bambini (e dell'autrice).

Monopoli comprende anche 100 contrade, che circondano la città su tre lati e si estendono nella campagna e sulle colline. Ho avuto modo di conoscerne alcune durante le escursioni, godendo della tranquillità dell'ambiente rurale e delle viste panoramiche sull'Adriatico.

Oggi il termine "unica" nel nome della città potrebbe essere interpretato come "staordinaria", perché questa bella città sul mare lo è davvero. Questa unicità ha reso Monopoli una destinazione turistica popolare negli ultimi decenni e la città ha continuato a prosperare. La città è facilmente raggiungibile con i mezzi pubblici, soprattutto in treno, poiché si trova sulla linea ferroviaria Bari-Lecce. Tuttavia, è possibile salire sulla "Freccia Rossa" a Bologna e scendere direttamente a Monopoli. Naturalmente, il numero sempre crescente di visitatori ha anche i suoi svantaggi. Tornerò su questo punto più avanti. Ma la città è ben lontana dal turismo di massa di altre parti d'Europa; ha mantenuto il suo carattere autentico. È sempre piacevole passeggiare tra i vicoli e i "chiassi" (cortili, spesso collegati tra loro, a volte veri e propri labirinti`) fiancheggiati da case imbiancate a calce e decorate con fiori e edicole votive, visitare le numerose chiese e i musei, poi rilassarsi su una delle piccole spiagge della città e dei dintorni, fare un tuffo nell'acqua limpida e cenare in uno dei tanti ristoranti.

## Le spiagge

Monopoli e i suoi dintorni sono un vero paradiso balneare. La stretta spiaggia sabbiosa di Porta Vecchia che degrada dolcemente nell'acqua che anche nel 2024 è stata premiata con la "Bandiera Blu", si trova direttamente in città. È bellissimo nuotare qui – protetti dalle pittoresche mura cittadine davanti alle quali ci si può anche sdraiare o sedere sulle pietre e al lato acqua delle mura si può fare una bella passeggiata fino al Lungomare di Santa Maria, al Castello Carlo V e al vecchio porto.

Da Porta Vecchia si può passeggiare dall'estremità settentrionale della spiaggia lungo il mare alla baia successiva in circa 10 minuti: Porto Bianco, molto frequentato dalle famiglie. In pochi minuti si raggiunge anche il Porto Rosso, preferito dei giovani. Se lo desiderate, potete camminare da una baia all'altra lungo i sentieri sopra il mare, magari passando per Porto Verde fino alla bellissima Cala Paradiso (con lettini e ombrelloni). Una cala dopo l'altra: sono le antiche foci di fiumi ormai prosciugati, simili a canyon ("lame"), che uscivano dalle colline e tutte hanno le loro caratteristiche, il loro fascino. Si può tornare a piedi lungo la parallela Via Procaccia – magari fermandosi in qualche bar o ristorante – fino alla città, che ci accoglie da lontano con la sua cattedrale.

Ancora più a sud, di fronte all'imponente Castello Santo Stefano, si trova un lido lussuoso. Anche Capitolo, che chiude la zona balneare di Monopoli, è bellissimo con le sue lunghe spiagge sabbiose e gli scavi di Egnazia. In alto, si può ammirare la Chiesa rupestre di "San Giorgio", sull'antica via commerciale Traiana: è molto suggestiva con un grande foro nella parete circondato da cerchi concentrici – come le onde intorno ad un sasso gettato in acqua.

La Madonna della Madia

## Sulle tracce della Madonna

Chiunque passeggi per le strade di Monopoli con un occhio aperto le noterà subito: le numerose edicole votive sui muri, sui balconi, sotto gli archi, sulle finestre, nelle nicchie, negli ingressi delle case ... La Madonna vi saluta anche come mosaico dal campanile della cattedrale.

Un'estate, quando mi trovo a Monopoli per quindici giorni fa troppo caldo per rimanere più a lungo sull'incantevole spiaggia cittadina di Porta Vecchia. Non solo cerco di rinfrescarmi in mare, ma anche nei vicoli ombrosi della città vecchia. Ho notato le numerose edicole votive già durante la mia prima visita nel 2014 – e ora ho finalmente il tempo di guardarle da vicino, cercarle e fotografarle.

Lo ripeto in molte altre visite a questa incantevole città, a cui mi affeziono sempre di più insieme ai suoi abitanti. "Sei una monopolitana nata per sbaglio ad Amburgo", mi disse una volta il mio padrone di casa Cesare Mancini. Chissà ...

Forse qualche abitante del centro storico si ricorda di me mentre vago per i vicoli munita di mappa della città, blocco per appunti, penna, pennarelli e cellulare, prendendo appunti, disegnando, fotografando e – che io possa essere perdonata a posteriori – infilandomi negli angoli più nascosti. Spesso spiego perché lo sto facendo, compreso il fatto che sto scrivendo un libro su Monopoli. Allora la giustificata diffidenza viene rapidamente dissipata e si instaura una conversazione amichevole. E forse riesco a conoscere la città e la sua gente meglio della maggior parte dei turisti.

Scopro alcune edicole votive a prima vista, anche nei negozi e nelle case (da vedere attraverso le finestre o quando una porta si è appena aperta e io guardo dentro con moliscrezione) e sui marciapiedi. Ne spicca una in particolare, quello a Porta Vecchia.

Si dice che l'abbia dipinta un giovane tornato alcune volte per restaurarla, ma a un certo punto non si è più fatto vivo.

Un monopolitano è il "maestro del dipinto sul pavimento", lo custodisce, lo copre la sera e in inverno e innaffia i fiori che lo circondano. Il dipinto fu completamente restaurato nel 2023 e ora ha un aspetto molto diverso.

A volte rimango quasi scioccata quando mi giro e scopro improvvisamente un'edicola votiva che non ho mai visto prima.

Quelle molto piccole, per esempio: o se c'è poco bucato appeso sul balcone e la vedo, com'è successo dopo anni al porto vecchio. Di soggiorno in soggiorno se ne aggiungono delle nuove. Anche con l'aiuto di amici che ho contagiato con la mia ricerca della Madonna durante le passeggiate che abbiamo fatto insieme.

Una volta un amico molto alto scopre un'edicola votiva piuttosto in alto sul muro di una casa che io ho trascurato per anni, essendo bassa con i miei 1,57 metri.

Spesso vago per i vicoli così a lungo, ora dopo ora, che la sera sono completamente esausta. Ma non credo di essermi mai divertita così tanto quanto alla ricerca della Madonna della Madia. È sempre stato un misto di avventura, gioco e meditazione.

Ho trovato 86 edicole votive. Ci sono le foto di tutte sul mio sito web; un codice QR a pagina 2 di questo libro vi porta ad esse. E sul sito c'è anche una mappa della città, dove ho segnalato tutte le edicole votive – vale la pena di andare a cercarle da soli!

## La mia ultima Madonna

È il 31 dicembre 2021, i miei anni di ricerca nel centro storico di Monopoli sono terminati, ho fotografato e archivato tutte – tutte? – le edicole votive, la mia valigia è pronta, con dentro e la mia macchina fotografica.

Faccio un ultimo giro. Sul Largo Forno Romano alzo lo sguardo e la vedo: una Madonna illuminata dietro una piccola finestra. L'ho trascurata per anni. Strano. Così ritorno al mio appartamento, apro la valigia, prendo la macchina fotografica e scatto una foto.

Questa esperienza mi dimostra che non le ho certo scoperte tutte. Nel 2024 apprendo che in molti pozzi

ci sono delle un'immagini della Madonna – per benedire l'acqua. Quindi, cari monopolitani, non siate
tristi se manca la vostra Madonna!

## La storia dell'icona

Chi è questa Madonna? E perché si trova così spesso
nel centro storico? È una storia meravigliosa: nel
1107 il vescovo di Monopoli, Remualdo, decise di
costruire una nuova cattedrale. L'opera fu quasi
completata dieci anni dopo, nel 1117, ma poi non
c'erano abbastanza soldi per comprare le travi per
finire il tetto.

Però: la notte del 16 dicembre 1117 un angelo appare a un rispettato e devoto monopolitano di nome
Mercurio e gli dice: "Mercurio, Mercurio! Alzati,
corri dal vescovo e digli che le travi sono nel porto!"
La luce dell'angelo brilla sul suo letto. Mercurio
obbedisce, corre dal vescovo Romualdo e gli racconta l'accaduto. Ma il vescovo lo rimanda a casa.
Stava solo sognando, dice. Però la Madonna, perché
era lei l'angelo, gli appare per la seconda volta e
Romualdo non crede nemmeno questa volta che
Mercurio stia dicendo la verità.

Quando gli appare per la terza volta, Mercurio
corre subito al porto e vede le travi in forma di una
zattera (in dialetto monopolitano e in spagnolo "madia", che può anche significare una tavola su cui si
preparava il pane per la cottura e si lasciava
lievitare).

Ora Romualdo è finalmente convinto e suona le campane per svegliare tutti gli abitanti. Tutti vanno al porto e assistono al miracolo: sulla zattera abbandonata troneggia un'icona che raffigura Maria con il bambino! Il vescovo ordina che l'icona sia portata immediatamente in cattedrale con una solenne processione. È ancora lì, in una bella cappella che si erge sopra l'altare principale e che può essere raggiunta da fedeli e turisti attraverso due scale laterali. Inusualmente queste scale che conducono alla cappella non sono visibili dal basso, cosicché la Madonna sembra sorvolare sopra l'altare principale.

Il tetto della cattedrale fu completato nel 1117 con le travi della zattera, di cui si dice siano state utilizzate 31. Alcune di queste travi sono visibili anche oggi in una cappella della cattedrale, a destra dell'ingresso. Furono rimosse dal tetto nel XVII secolo durante una ricostruzione della cattedrale. Ed un pezzo di una delle travi è esposto a destra dell'altare principale.

La storia di Mercurio, l'arrivo della Madonna, la processione verso la cattedrale e la costruzione della cattedrale sono rappresentate in vivacissimo modo su quattro dipinti di grande formato di Signorile del XVIII secolo nella cattedrale; essa ospita diversi altri dipinti che raffigurano l'arrivo della Madonna.

Il 16 dicembre 1117 è un giorno della storia di Monopoli che ha segnato la città fino ad oggi. Non solo portò la Santa della città, la Madonna della Madia (il cui arrivo via mare è storicamente certo), ma le inviò anche il materiale da costruzione necessario per completare la cattedrale – il che è probabilmente una leggenda. Tuttavia, le ricerche hanno dimostrato che le travi esposte nella cattedrale sono fatte di legno di pino d'Aleppo. Potrebbero quindi essere arrivate a Monopoli attraverso l'Adriatico.

L'icona raffigura la Madonna "Hodegetria" (anche Hodigitria o Odigitria), che in greco antico significa "guida". Questo tipo di rappresentazione della Vergine Maria è greco-bizantina, era diffusa soprattutto a Costantinopoli e in seguito si diffuse in tutto il mondo cristiano. In queste immagini, Maria è statica e frontale, tiene sul braccio destro un Gesù bambino dall'aspetto adulto e benedicente, con uno sguardo trasfigurato e una veste regale, spesso portando tra le mani un rotolo – il "libro della vita" o un simbolo della sapienza di Gesù. Con la mano destra, Maria indica il bambino Gesù e quindi il cammino della redenzione. Tutto questo vale per l'immagine della Madonna della Madia scolpita su legno. Anche la combinazione di colori suggerisce Costantinopoli e ricorda fortemente la famosa "Madre di Dio di Vladimir" creata lì nel XII secolo.

La Madonna monopolitana invita lo spettatore a pregare e a meditare. Da qualsiasi angolazione la si osservi, la Madonna ci guarda sempre con dolce malinconia e benevolenza. È caratterizzata da una serie di caratteristiche particolari: ha occhi grandi, sopracciglia lunghe, naso prominente e bocca fine. Sul bordo della cuffietta, come elemento decorativo di grande effetto, si riconosce un merletto a zig-zag, al centro si vede una stella, il simbolo di verginità.

Sul bordo inferiore del quadro – molto insolito per i ritratti di madonne – si notano due piccole figure: a sinistra dell'osservatore un monaco in piedi che regge una grande candela; potrebbe provenire dal Monastero dell'Odigitria di Costantinopoli a causa del suo abito rosso – proprio come la figura che riposa ai piedi di Gesù Bambino più a destra. Ciò sarebbe in linea con la probabile origine dell'icona. Anche se mi hanno detto che le due figure sono state probabilmente aggiunte in seguito.

Si dice che la Madonna della Madia abbia compiuto miracoli: nel 1528 avrebbe messo in fuga i soldati del Marchese del Vasto e nel 1691 avrebbe fermato un'epidemia di peste.


## Don Peppino

Don Giuseppe Cito, affettuosamente conosciuto da tutti come Don Peppino, il Rettore ecclesiae della Cattedrale di Monopoli, è il custode della Madonna. Lo incontro un 24 dicembre quando, poco prima dell'inizio della funzione pomeridiana nella chiesa di "Santa Maria del Suffraggio" ("Il Purgatorio"), finalmente aperta, vorrei solamente dare un'occhiata al bellissimo presepe. La chiesa è già sovraffollata. Voglio andarmene in fretta, ma il sagrestano mi porta una sedia per farmi accomodare. Rimango per educazione. Io vivo la più bella funzione religiosa della mia vita. Don Peppino è divertente (ci prende in giro con uno slogan pubblicitario, per esempio), caldo e spirituale, è meraviglioso. Quando la congregazione canta "Astro del ciel", la più conosciuta canzone natalizia tedesca ("Stille Nacht, Heilige Nacht") in italiano, mi vengono le lacrime dall'emozione e ricordo le serate natalizie passate con la mia famiglia. Grazie, Sagrestano!

## L'arrivo della Madonna

Due volte all'anno, il 14 agosto e il 16 dicembre, giorno effettivo del suo arrivo, viene cerimoniosamente rievocato lo sbarco della Madonna sulla sua zattera. Esattamente dopo 900 anni, nel 2017! Tuttavia, durante una visita guidata a Monopoli sulle tracce della Madonna, ho appreso che il 16 dicembre 1117 non può essere corretto: l'icona sembra essere più recente. Non importa. Qui storia e mito si mescolano. E dopo tutto, nemmeno Gesù è nato il 24 dicembre.

Nell'estate 2017, purtroppo, non sono a Monopoli il 14 agosto, ma riesco a vedere la fine del tour di pellegrinaggio dell'icona – il "Peregrinatio Mariae". In occasione del 900° anniversario dell'arrivo della Madonna, la copia dell'icona, che, come l'originale, si trova nella cattedrale di Monopoli, è stata esposta in diverse chiese del comune di Monopoli-Conversano e portata in solenne processione da una chiesa all'altra.

Quando sono a Monopoli, l'icona è alla sua ultima tappa: sta tornando in cattedrale dalla chiesa Santa

Teresa d'Àvila – una Santa che ho studiato molto anche in letteratura e la cui chiesa e il cui convento ho visitato una volta ad Àvila, in Spagna.

Mi reco nella bella chiesa sulla magnifica Piazza Palmieri e partecipo alla funzione in onore della Madonna della Madia. Poi l'icona deve essere riportata nella cattedrale. Il ritorno è ritardato: la struttura su cui è intronizzata è troppo larga per passare attraverso la navata centrale. Quindi dobbiamo prima spingere tutti i banchi da parte. Mi diverto. E ancora di più quando la grande porta in fondo alla chiesa si inceppa. Ma poi possiamo iniziare. Un sacerdote con un ghettoblaster si mette in fila dietro la Madonna (continuo a divertirmi) e poi io ed i fedeli lo seguiamo. È meraviglioso, non rido più, ma mi commuovo per la spiritualità della gente, soprattutto delle signore anziane che accompagnano la Madonna alla cattedrale con musiche e recite. Camminiamo per i pittoreschi vicoli, che sono pieni di gente. Arrivo alla cattedrale tutta sconvolta e devo andare nel mio alloggio per calmarmi. Ora finalmente capisco il significato di queste processioni e l'effetto che hanno sui fedeli. Anche su di me, che non sono neanche cattolica.

Più imparavo a conoscere la Madonna della Madia, più aumentava il mio desiderio di essere presente quando si rievoca il suo arrivo. Nel frattempo, per fortuna, ho potuto realizzarlo due volte: nel 2019 e nel 2021.

Per molto tempo la zattera con la Madonna ha attraccato nel pittoresco Porto Vecchio della città, dove le barche da pesca blù – i cosiddetti "gozzi" – sono una vera meraviglia, ma poi il numero dei visitatori è cresciuto e l'evento si è spostato nel nuovo e più grande bacino portuale della "Cala Batteria". Mentre l'evento del 14 agosto è sempre di più rivolto ai turisti, la rievocazione dell'arrivo della Madonna il 16 dicembre è un importante evento religioso e spirituale nel calendario annuale dei monopolitani, e per molti è sicuramente il giorno più importante.

2019: quest'anno sono riuscita ad arrivare a Monopoli per la Festa della Madonna durante il periodo natalizio! Arrivo due giorni prima, con un brutto raffreddore e senza voce. Tuttavia faccio nuove conoscenze, parlo (o meglio: gracchio) con tante persone della Madonna e dell'imminente sbarco; sono completamente sotto l'incantesimo della Madonna e piena di aspettative.

Ma il tempo è brutto. Sono preoccupata perché piove e temo che la cerimonia possa saltare. Ma tutti mi rassicurano: "Non preoccuparti, Sabine, smetterà di piovere quando arriva la Madonna".

Il 16 dicembre mi sveglio nel mio alloggio al suono delle bande di ottoni e all'odore dell'incenso. Subito fuori! Molte persone, soprattutto i monopolitani – giovani e anziani – sono già in giro per i vicoli, io cammino verso il porto vecchio.

Non cè nessuno, ho sbagliato porto. Seguo quindi le altre persone, tutte dirette alla Cala Batteria. Trovo un bel posto su un muretto sopra il porto. Da lì posso vedere tutto! La donna accanto a me mi parla subito, è Mara. Sa molto della Madonna e della sua storia e mi spiegherà tutto durante la cerimonia. Che bella coincidenza!

Ora la manifestazione sta per cominciare, sono ecitata e già in lacrime per l'emozione. Non so nemmeno perché. Ormai a Cala Batteria c'è molta gente, sono contenta di essere arrivata così presto. I rappresentanti della chiesa, anche Don Peppino, pronunciano parole di benvenuto e preghiere, c'è la musica e la processione di varie organizzazioni religiose e credenti si avvicina. Tra loro ci sono l'arcivescovo, pescatori e giovani che hanno ricevuto da poco la prima comunione. Tutti si sono radunati prima nella cattedrale – molti di loro hanno vegliato tutta la notte nella cattedrale.

Dagli altoparlanti si sente una preghiera alla Madonna della Madia. Uomini in tute da sub sparano razzi dall'acqua, poi si scatena un enorme spettacolo pirotecnico. Ed eccola! Eccola, la zattera con la grande copia dell'icona della Madonna, che è stata portata fuori dalla cattedrale ieri e che ho seguito per i vicoli nell'estate 2017.

Uno spettacolo meraviglioso, la Madonna sulla zattera, accompagnata dai tradizionali "gozzi". Si applaude, si cantano preghiere – e io sono scossa. Credo che sia l'atmosfera altamente spirituale a toccarmi così tanto. La zattera con l'icona si avvicina al pontile e torna indietro, poi ancora una volta. Solo la terza volta attracca. Questa è la tradizione che segue la leggenda secondo cui Mercurio ebbe bisogno di tre tentativi per convincere il vescovo Romualdo dell'arrivo delle travi nel 1117.

L'icona viene accolta festosamente e si ascoltano nuovamente preghiere e canti. La processione si forma di nuovo, seguita dall'icona della Madonna su un carro decorato, con i visitatori che camminano dietro. Mi unisco al carro e lo seguo fino alla cattedrale. Non piove, quindi non ho potuto vedere la pioggia cessare all'arrivo della Madonna.

Verso mezzogiorno vado a Porta Vecchia, dove una donna mi chiede molto gentilmente se sono la tedesca che viene spesso a Monopoli. È Porzia, che mi conosce da Facebook. Che bell'incontro in questa splendida giornata!

Avrei voluto essere presente all'arrivo della Madonna anche nel 2020, ma la pandemia del Covid ha ostacolato sia lei che me. Nel 2021 la malattia è ancora presente, ma a dicembre torno comunque a Monopoli per tre settimane; vorrei assistere di nuovo allo spettacolo e completare le mie ricerche.

Questa volta, il 16 dicembre sono partita molto prima, alle 3.45 del mattino. Sulla strada per Cala Batteria sento un botto ogni quarto d'ora, senza dubbio per svegliare la gente del posto. La cala è ancora deserta e trovo un posto proprio in riva al mare. Quest'anno non ci sarà tanta gente – dovuto al coronavirus e al fatto che fa un freddo cane. La processione è la stessa, ma i fuochi d'artificio sembrano un po' più moderati. E la zattera appare di nuovo, attraccando solo per la terza volta. Proprio come due anni fa. Eppure non è così. La magia sembra mancare. Eppure tutti sono felici che sia tornata la ceremonia dopo un anno di pausa dovuta alla pandemia. Siamo tutti cambiati o la paura della malattia ci sta sempre adosso? In fondo la pandemia non è finita, anzi: anche in Italia i numeri sono tornati a crescere enormemente e quando il 1° gennaio 2022 torno a casa, l'Italia è un'area a rischio. O è la mia mutata percezione? In questo ultimo viaggio di ricerca ho una prospettiva diversa, più oggettiva, guardo il mio "oggetto di studio" dall'esterno. E ho tanto freddo.

Proprio mentre la Madonna attracca, inizia a piovere. Quindi la storia miracolosa non è del tutto vera (il 16 agosto 2023 l'intero evento fu annullato per il forte temporale. Hanno portato l'icona in processione fino al porto e da lì è tornata alla cattedrale).

Ora sono così infreddolita e fradicia che non aspetto che la Madonna si diriga verso la cattedrale. Preferisco prendere un delizioso caffè e un croissant, riscaldarmi nel mio bell'alloggio per poi camminare sul lungomare fino alla Cattedreale per partecipare alla funzione in onore della Madonna. Dopo c'è un concerto all'aperto. Ma mi sembra che nessuno stia ascoltando, tranne me.

Esperienze personali

# Sulle tracce dell'olio d'oliva e di una campana con Gianni

Il 27 dicembre 2019 rimarrà per sempre indimenticabile. Ho fatto di nuovo un'escursione con Gianni, che gestisce con sua moglie Antonella il bellissimo negozio pugliese "Apulia – La finestra sul mare" in Via del Porto. Con loro facevo spesso escursioni nella zona di Monopoli, ad esempio con Antonella per visitare gli scavi di Egnazia, le chiese rupestri – e le Masserie: per lo più bianche e cuboidi, erano un tempo grandi e maestose case padronali in un mondo a sé stante. Le prime furono costruite già nel XIII secolo e divennero rapidamente centri agricoli e culturali di grande importanza economica e politica. Costruite in tufo o calcare con un muro esterno, un ampio cortile interno e spesso una torre coronata di zinco, in cui risiedeva il sovrano, alcune assomigliano ancora a piccoli castelli. Vi erano abitazioni per i braccianti, stalle, un frantoio, un granaio e una cappella, solitamente dedicata alla Madonna della Madia o al Santo locale che spesso dava il nome anche alla Contrada. Molte Masserie non erano solo tenute di campagna, ma anche fortezze con feritoie o dispositivi da cui venivano versati liquidi caldi sul nemico, con alte mura, vedette cieche, ponti levatoi e fossati. All'inizio dovevano difendersi dai pirati, poi dai baroni briganti. Poi, per secoli, arrivarono altri invasori, che dovevano essere respinti – anche con l'aiuto di torri di guardia lungo la costa. Le Masserie più importanti erano Caramanna, Conchia, Garrappa, Lamafico, Spina Grande e Spina Piccola. Molte di queste belle tenute esistono ancora. Non devono più difendersi – al massimo dal turismo: molte sono state trasformate in ristoranti o addirittura in discoteche, oppure fungono da confortevoli alloggi. Quest'ultimo aspetto è certamente positivo, perché consente di preservarle. E alcune continuano a funzionare come fattorie.

Nel mio primo tour con Antonella visito diverse Masserie. Una, Masseria Zaccaria, è ancora abitata. Mi stupisce vedere una chiesa rupestre sotto il soggiorno, nella cantina quotidianamente utilizzata, e i resti di una chiesa francescana in un'altra stanza! Qualche anno dopo, visito con lei l'insediamento rupestre "Santi Andrea e Procopio": magnifico!

Il cosiddetto "habitat rupestre" si creò in Puglia quando gli abitanti dovettero fuggire dai vari invasori dopo la fine dell'Impero Romano e costruirono città sotterranee vicino ai corsi d'acqua, in cui le chiese erano d'obbligo. Particolarmente impressionanti sono gli affreschi, per lo più bizantini, il cui antico splendore di colori è ancora facilmente immaginabile.

Sotto la città di Monopoli si trovano anche due chiese rupestri: la "Madonna del Soccorso" e la "Santa Maria Amalfitana".

Il 27 dicembre 2019 faccio con Gianni una gita sulle tracce dell'olio d'oliva. È fantastico: sui prati in fiore, sotto ulivi secolari e il cielo azzurro Gianni mi racconta molto della storia e della produzione dell'olio d'oliva e delle diverse varietà – molto interessante! Visitiamo anche, vicino al "Cristo delle Zolle", il più grande ulivo della regione che ha più di 1000 anni.

Non è stato ancora scoperto perché i tronchi degli ulivi siano orientati a sinistra in alcune regioni d'Europa e a destra in altre. Poi ci dirigiamo verso i "Vivai Capitanio". Il parco non ospita solo l'incantevole giardino botanico "Lama degli Ulivi", ma anche la nascosta chiesa rupestre "Santa Cecilia". Che sorpresa! Gianni lancia un sasso nell'ingresso buio, simile a una grotta, per spaventare eventuali animali. Mi fa venire i brividi, ma mi calmo e mi infilo fiduciosamente con lui.

Ma dato che soffro di cecità notturna, non vedo proprio nulla. Gianni mi consiglia di chiudere brevemente gli occhi e quando li riapro, scopro i meravigliosi affreschi colorati sulle pareti grezze della vecchissima chiesa nascosta! Proseguiamo verso un frantoio medievale accuratamente restaurato nella Masseria Mammella, dove la famiglia mi accoglie cordialmente: mi invitano a sedermi a tavola con loro e mi offrono caffè e dolci. Due anni dopo, per contrasto, visitiamo anche l'"Oleificio Rotondo", un frantoio moderno dove posso vedere esattamente come oggi si produce l'olio. Il simpatico proprietario mi spiega molte cose.

La prima escursione nel mondo dell'olio d'oliva ha un seguito miracoloso: poco prima di partire per Monopoli, avevo visto "casualmente" il film documentario *Una nuova campana per Monopoli* (nell'ambito dei *georeportages a 360 gradi*) del 2018 su "arte". Si tratta della tradizionale e probabilmente più famosa fonderia italiana di campane "Marinelli" di Agnone, dove da oltre 1000 anni vengono prodotte le campane. Lì la Contrada monopolitana Antonelli commissionò una nuova campana per la sua chiesa "Santa Maria Regina", che non suonava da anni. Il parroco, Don Vincenzo, aveva raccolto donazioni per il progetto e si era recato personalmente ad Agnone per benedire la nuova campana secondo un antico rituale.

Il documentario mi ha comprensibilmente affascinato, trattandosi della "mia" Monopoli, e così ho chiesto a Gianni se potevamo andare ad Antonelli alla fine del nostro tour. Lui dice subito di sì e così saliamo attraverso un paesaggio meraviglioso alla piccola città. Ci fermiamo davanti alla chiesa di Santa Maria Regina, vedo e ammiro la nuova campana e ne sono entusiasta. Penso che ora stessimo tornando a Monopoli. Invece no, Gianni, il bravo ragazzo che da tempo fa gli straordinari per me, mi mostra anche l'interno della chiesa. Ed ecco anche lui, Don Vincenzo! Gianni gli racconta perché sono lì, Don Vincenzo ne è molto contento e mi racconta con passione delle riprese e delle sue esperienze con la campana e il film. È troppo bello. All'improvviso il sacerdote scompare in una piccola camera, io e Gianni siamo stupiti. E poi la sento, la campana: Don Vincenzo la suona per me, solo per me. Usciamo.

Il suono della campana risuona sul meraviglioso paesaggio. Le lacrime mi scorrono sul viso. I paesani si avvicinano, Don Vincenzo gli spiega perché la campana sta suonando: "Sabine è qui, è venuta dalla Germania perché ha visto il film su di noi!" Tutti mi salutano. Non mi sono mai commossa così tanto in vita mia. Con fatica mi controllo e mi avvio verso il ritorno con Gianni. Non dimenticherò mai quello che lui e Don Vincenzo mi hanno regalato in quella soleggiata giornata di dicembre, subito dopo Natale.

Il nostro giro si conclude in Via Porto, nel negozio di Gianni dove scelgo alcuni prodotti – souvenir per gli amici e le colleghe, e per me una piccola Madonna della Madia sulla zattera e un presepe molto speciale: lavorato in un tradizionale "pomo" di ceramica. I "pomi" si trovano in gran numero sui balconi pugliesi e sono considerati portatori di fortuna. Tra l'altro, mi mancava così tanto Monopoli durante la pandemia che ho fatto un bell'acquisto nel negozio online di Gianni e Antonella ed ero fuori di me dalla gioia quando è arrivato il pacco: con olio d'oliva e prodotti tradizionali in ceramica. Tra questi una "sponza frise" – una ciotola speciale che si riempie d'acqua e si usa per inzuppare le Friselle, un tradizionale pane pugliese, duro come un sasso. Poi le Friselle si mettono sul bordo allargato e forato della ciotola per scolarle e condirle. Ottimo! Va da sé che Cesare una volta mi ha preso in giro quando gli ho detto che ho fatto un tentativo di mangiare il pane duro non inzuppato. I turisti possono essere piuttosto stupidi ...

Dopo la meravigliosa escursione e l'esperienza con Don Vincenzo, vado a alla spiaggia cittadina per riposarmi un po', faccio un bel bagno e poi mi dirigo in Via Einstein – da Palmitessa Giocattoli.

## Palmitessa Giocattoli

L'ho già scritto nell'introduzione: molti anni fa, all'inizio degli anni Novanta, come traduttrice mi ero già imbattuta nel nome di Monopoli e del negozio di giocattoli e ne ero rimasta molto divertita. Non avrei mai pensato, allora, che avrei conosciuto così bene la città e il negozio circa 30 anni dopo. Ma non avevo mai dimenticato la storia. Ecco perché io e il mio compagno di allora siamo andati a visitare Palmitessa Giocattoli già durante la nostra prima visita a Monopoli nel 2014. Che sorpresa: l'intera piazza sembrava essere costituita dal negozio di giochi, con diverse vetrine che lo circondavano virtualmente. Dentro, dentro! Si apriva un paradiso dei giocattoli per grandi e piccini. Naturalmente – e questo è particolarmente interessante – c'era e c'è ancora un angolo Monopoly con innumerevoli edizioni del gioco cult, molto amato dagli abitanti di Monopoli. Un giorno ho sentito dire che era in progetto la costruzione di una "Monopoly a cielo aperto" nella bellissima Piazza Garibaldi, il "salotto", simile agli scacchi all'aperto. Non so se questo progetto, che ritengo grandioso, verrà mai realizzato. Io sarei favorevole! Ma quello che Palmitessa Giocattoli ha realizzato è anche spettacolare: alla fine del 2021 hanno lanciato sul mercato il "Monopoli Monopoly"! Fantastico! Non è stato facile a causa dei diritti di Parker, l'impresa americana che produce tutti i giochi Monopoly. Ma sono riusciti e ora si trova nel mio armadio insieme a molti altri giochi italiani e viene regolarmente utilizzato nei miei corsi di lingua. È chiaro da dove proviene la maggior parte di questi giochi: Palmitessa Giocattoli! O li ho comprati subito dopo un caffè con i proprietari e li ho portati con me, oppure, una volta, quando il mio appetito era più grande della mia valigia, li ho scelti e me li sono fatti spedire a casa. Una mia vicina ha accettato il pacco e si è chiesta perché fosse stato spedito da "Monopoli". Quando le ho spiegato che conteneva dei giochi, il suo stupore è ancora aumentato. Questo mi ha riportato all'esperienza vissuta decenni fa.

Anch'io ho costruito un gioco Monopoli che uso nei miei corsi. Forse dovrei metterlo in commercio.


## Manuel Neuer e il turismo a Monopoli

Il 10 giugno 2017 faccio un viaggio ancora più a sud: verso la città barocca di Lecce, che conoscerò molto meglio anni dopo, nel dicembre 2023. Lì terrò una conferenza su Curzio Malaparte.

Non lo so ancora mentre mi dirigo verso la stazione ferroviaria. Né so perché posso camminare solo lungo la strada a destra, né perché a sinistra, verso la cattedrale, è tutto transennato. Per ora mi godo il meraviglioso viaggio in treno attraverso uliveti infiniti, quasi sempre con il mare in vista.

Lecce mi colpisce per la sua architettura barocca, la sua architettura barocca, i suoi due anfiteatri e, che contrasto, l'atmosfera rilassata e giovanile, in cui si inseriscono negozi tradizionali come "Corrado Marazia", dove nel 2023 compro una coperta di lino tessuta a mano. Gino Leineweber, il curatore di questo libro, è lì con me. Dice al proprietario il suo nome in italiano: "Tessitore di lino". All'improvviso il proprietario stende davanti a sé delle lunghezze di tessuto e inizia a parlare di affari. Un piccolo equivoco: aveva capito che Leineweber non fosse il cognome di Gino, ma la sua professione …

Torniamo al 2017: durante la mia passeggiata scopro anche le tante figure di cartapesta, un antico artigianato tipico di Lecce (sono stata invitata ad un corso per il mio entusiasmo, ma non avendo proprio talento in queste cose, mi chiedo se sia davvero il caso di farlo), ogni tanto mi fermo a bere qualcosa di fresco, mi concedo un dolce da "Natale" – ma dopo poco tempo torno già alla stazione: qui nel Salento fa troppo caldo per me, e questo vuol dire molto.

Tornata a Monopoli scopro perché la "mia" strada era transennata al mattino.

Non solo la strada, ma gran parte del centro storico, perché in città c'era un personaggio famoso che andava protetto e schermato: Manuel Neuer, il portiere che ha vinto la Coppa del Mondo con la nazionale tedesca in Brasile nel 2014, si è sposato con Nina Weiß nella cattedrale di Monopoli – con le stampelle, essendosi rotto un piede nel quarto di finale della Champions League poco prima. I due hanno poi divorziato. Tanti giornali tedeschi hanno parlato del matrimonio del portiere nazionale – Monopoli era sulla stampa e sulla bocca di tutti in Germania! Non sempre in modo del tutto positivo. Il 10 giugno 2017, la *Süddeutsche Zeitung* ha scritto: "Monopoli in Italia, una cittadina poco appariscente con poco meno di 50.000 abitanti. Manuel Neuer ha aiutato questa piccola città della Puglia sul Mare Adriatico, che probabilmente solo gli irriducibili vacanzieri italiani avevano mai sentito nominare prima di questo fine settimana, a raggiungere un po' di notorietà ..." Poco appariscente? No. E anche prima del matrimonio di Neuer, i turisti tedeschi avevano già scoperto questa meraviglia dell'Adriatico. Merito anche della stampa: ad esempio, Monopoli è stata descritta da *Der Spiegel* nel 2012 e dalla rivista femminile *Brigitte* nel 2014. Negli ultimi anni sono apparsi molti articoli su Monopoli: nel 2023 in *Adesso*, nel 2022 in *Merian* e nel 2020 io stessa ho scritto della mia città preferita in un supplemento di *Die Zeit*, dove descrivo Monopoli come una "piccola città portuale dalla bellezza quasi soprannaturale".

E ne ho parlato molto. Amici tedeschi e italiani sono andati a Monopoli, alcuni ci hanno trascorso diverse settimane o sono venuti a trovarmi: quattro dei miei studenti italiani, per esempio, con i quali ora ho una stretta amicizia. Hanno trascorso spontaneamente alcuni giorni a Monopoli a cavallo dell'anno 2019/20. Non dimenticherò mai il momento meraviglioso in cui si sono presentati tutti alla mia porta in Via Cattedrale per la festa di Capodanno – un'amica con un'anguilla affumicata del mercato del pesce di Amburgo in mano. Monopoli sicuramente non ha mai visto nulla di simile – e l'anguilla si adatta bene al mio buffet italiano.

Il portone di Via Cattedrale è spesso teatro di avvenimenti insoliti: una sera di inizio inverno, mi sto mettendo comoda nella mia camera da letto, leggendo, scrivendo e guardando la TV, quando sento dei forti rumori alla porta d'ingresso. Sembra un ladro. Apro con cautela la porta in camicia da notte e veramente qualcuno sta per entrare in casa. Terrorizzata, reagisco in modo del tutto irrazionale, spalanco la porta e inizio a gridare. La persona che mi grida contro è scioccata quanto me: è un innocuo operaio assunto dal mio padrone di casa per sfondare la porta. Appare il mio padrone, Cesare Mancini, e si mette a gridare pure lui. Quando tutti si sono calmati un po', le cose si chiariscono: Cesare voleva portarmi degli asciugamani. Quando non ho risposto al campanello, voleva aprire la porta perché pensava che non fossi in casa. Ma non riusciva, perché la chiave era nella serratura.

Pensò che io, che credeva fossi fuori, avessi dimenticato la chiave all'interno. Ha subito assunto un operai per sfondare la porta ... Ma io ero sdraiata a letto, completamente innocente, solo che non ho sentito suonare il campanello. Quando mi è stato detto di pagare l'operaio, il dramma ricomincia. Ma l'operaio si mette a ridere, poi ridiamo anch'io e Cesare e la situazione si risolve al meglio. E non devo pagare nulla.

Una turista che presumibilmente ha lasciato la chiave nella serratura è l'ultimo dei problemi. Il problema maggiore è la quantità di persone che invadono Monopoli nei mesi estivi e anche a Natale. C'è una vera e propria "movida" nel centro storico ed è talmente rumoroso in molti luoghi, soprattutto la sera e la notte, che molti monopolitani hanno abbandonato le loro case, si sono trasferiti in periferia o si sono stabiliti fuori città. Molti dei piccoli appartamenti con soffitti a volta nelle tradizionali case strette e alte, con scale in pietra per lo più ripide, sono stati trasformati in alloggi per le vacanze. I turisti sono sempre più numerosi. I negozi di souvenir, panini etc. stanno sorgendo e stanno scacciando le vecchie attività commerciali. Ma anche se il turismo ha ormai scoperto Monopoli o Monopoli ha scoperto il turismo, è ancora una meta turistica che vale la pena di visitarla. Perché, a differenza di molte altre, la città ha mantenuto in gran parte il suo carattere originario. E per chi ama la spiaggia e i bagni come me, Monopoli con le sue numerose e bellissime spiagge è comunque un paradiso.

# Alba?

Nel 2022 ho un'esperienza molto particolare. Sto tornando dallo shopping. Fa già buio, forse sono le 18.00. Mi trovo sul lungomare Santa Maria e guardo il mare. All'improvviso, all'orizzonte appare un luminoso bagliore e un enorme disco rosso incandescente emerge dal mare. Sono completamente confusa, persino spaventata. Che cosa sta succedendo qui? Come mai il sole sorge di sera? Altri turisti, apparentemente stupidi come me, la pensano allo stesso modo. Poi improvvisamente ci rendiamo conto: la luna sta sorgendo! Ed è la luna piena. Rossa. Non l'avevo mai sperimentato prima e è stata una delle impressioni visive più forti che io abbia mai avuto.

# La parola elettricista

Durante il mio soggiorno nel dicembre 2022, la parola "elettricista" si ripete sempre. Non ho mai usato questa parola, nemmeno quella tedesca, così spesso come in quelle tre settimane. C'è sempre qualcosa che non va nell'appartamento, a volte non si riesce a spegnere il rumoroso televisore, ogni tanto manca la corrente, quindi la parola viene usata continuamente, anche al telefono. In questo periodo, compro un gioco linguistico per i miei corsi d'italiano: "Contatto". Nell'appartamento apro la bella scatola, estraggo, senza guardare, una delle centinaie parole.

Quale viene fuori per prima? "Elettricista". Non ci si può credere.

## Il polpo

Ho voglia di polpo. Così vado nella mia pescheria preferita, "L'Angolo del Mare". Lo voglio già cotto e preconfezionato, ma il simpatico pescivendolo alza le mani incredulo. Vuole che lo prenda fresco... Dopo qualche tentativo di protesta da parte mia, mi arrendo e mi faccio confezionare l'esemplare più piccolo possibile. Non mi va, povero animale. Certo, è già morto, ma il contenuto della mia borsa della spesa mi fa un po' paura. Mi calmo, a casa metto su una pentola d'acqua, la lascio bollire e ci metto dentro il polpo. Tac! Proprio in quel momento salta la corrente. E non torna più. Vendetta della natura maltrattata? Certo, l'elettricista non è disponibile, è già sera tardi. Ma raggiungo il mio padrone di casa: devo trasferirmi in un altro appartamento, tre piani sopra di me. Le scale di pietra sono ripide, i gradini sono alti, io sono piccola. Tutto ciò che mi serve per la notte deve salire con me, comprese tutte le lenzuola; non è un grosso problema. Ma poi mi ricordo del povero polpo nel suo vaso. Allora scendo di nuovo. Cose che si fanno una volta sola: porto su per le scale la grande pentola con il polpo. La metto di nuovo sul fuoco e più tardi mangio il delizioso polpo, condito con aglio, olio e limone, servito con patate lesse. Uno dei miei pasti migliori e insoliti di sempre. Al mattino la corrente è tornata. Mi trasferisco di nuovo.


## Monopolitani ad Hamburg-Ottensen

Vorrei concludere il mio libro con una storia meravigliosa che collega la mia città natale, Amburgo, e, per lo più, il mio quartiere Ottensen, con Monopoli. Vicino a casa ma c'è una delle poche chiese cattoliche della città: quella di "Santa Maria". Da quando mi sono interessata alla Madonna della Madia, a volte entro per visitare l'icona della Madonna. Non l'avevo mai notata prima. Si suppone che sia la "Madonna del Perpetuo Soccorso", che si può vedere anche a Monopoli. Ho saputo che nel 2005 un gruppo di circa 20 monopolitani si è recato in pellegrinaggio proprio su questa icona. A 700 metri da me. "La Madonna ci unisce sotto il suo manto", mi ha scritto uno di loro qualche anno fa.

# Suggerimenti

## Accomodazioni
Carpe Diem, Largo S. Giovanni 18
www.bebcarpediemonopoli.it

## Ristoranti

I miei due preferiti
Ristorante Piazza Palmieri, Largo Palmieri 3. Nel centro
della città vecchia; cucina moderna e leggera, ot-
timamente presentata, rapporto qualità/prezzo imbatti-
bile.
Ristorante Lido Bianco, Via Procaccia 4. Un po' fuori, su
una scogliera sopra la spiaggia di Porto Bianco;
tradizionale e chic allo stesso tempo, con una vista moz-
zafiato sul mare; qui si tengono anche feste di famiglia.
Specialità: frutti di mare crudi. E qui ho mangiato il
miglior dessert in vita mia: un gelato alle olive con un
centro di cioccolato, condito con sale grosso e un filo
d'olio d'oliva – una vera e propria esplosione di gusto.

Nel Centro Vecchio
Trattoria da ziOttavio, Via Barbacana, 77
Trattoria da Pierino l'Inglese, Via Amalfitana 14
The King Street Food, Via Orazio Comes 31 con libri da
sfogliare, tra cui molti su Monopoli.

Nel Centro Murratiano
Cime di Tapas, Corso Umberto I 8 –10, giovane e
moderno, anche con piatti vegetariani.
Pizzeria Ai Portici, Via Milazzo 26

Leggermente fuori città
Ristorante Porto Rosso, Via Tommaso Moro 2, tra le
spiagge di Porto Bianco e Porto Rosso.

## Bar & Cafè

Cafè Roma, Largo Vescovado 1. THE Place to be di Monopoli, con il suo meraviglioso caffè, le sue deliziose
torte e crostate, i suoi premiati gelati, merita una visita a
qualsiasi ora del giorno, c'è sempre movimento. Un'isti-
tuzione dal 1851.

Caffè Napoli, Via Giuseppe Garibaldi 2. Anche un'isti-
tuzione a Monopoli, proprio accanto al municipio. Ci
sono p. e. ottimi cocktail e un bel dehors.

## I miei negozi preferiti

Mercato
Da non perdere il chilometrico mercato che si svolge
ogni martedì dalle 8 alle 13 nella Città Nuova: Piazza
Falcone e Borselino, Via Palmiro Togliatti, Via Benedetto
Croce, Via Trieste, Via Cosimo Pisonio, Via Ippolito
Nievo. Qui si può trovare di tutto, compreso il cibo lo-
cale nell'ultimo tratto.

Negozi generali
Alimentari XX Settembre, Piazza Alessandro Manzoni 3

Minimarket, Via Orazio Comes 24
Carrefour Express, Via Vecchia S. Francesco di Paola
6/A. Non lontano dalla spiaggia di Porto Bianco, motivo
per cui una volta c'era un cartello in vetrina che invitava
a non entrare in negozio in costume da bagno …

Specialità pugliesi
La Bottega di Celeste e Tea, Via Europa Libera 5
Azienda Agricola Annese, Piazza Vittorio Emanele II 57
Che Buono, Piazza XX Settembre 21
Frantoio Pacello Shop, Via Barbacana 80

Panifici
Forno San Marco, Via G. Poligani 13
Panificio Fortunato, 1975, Via Cappuccino 45

Frutta e verdura
Centro Ortofrutta, Piazza XX Settembre 25
Carrieri Damiano, Via San Vincenzo 25
Frutta e Verdura, Via Europa Libera 5/A

Pescherie
L'Angolo del Mare, Via Giuseppe Polignani 25
Bed Bed, Via G. Polignani. Specializzato in cozze.

Macelleria
Macelleria XX Settembre, Piazza XX Settembre

Souvenir di alta qualità
Apulia – La finestra sul mare, Via Porto 8-12

Vestiti & Accessori
Valentina Boutique, Via Giuseppe Garibaldi 58

Libreria
Libreria Minopolis, Via Urbano Rattazzi 18/20

Giocattoli
Palmitessa Giocattoli, Via A. Einstein 26
palmigiochi.it.

# Bibliografia


*Abbàssce u Pejise Vècchje – Down the old Part of the Town*, Associazione Culturale Pietre Vive, Schena Editore, Fasano 2007.

*Adesso: Puglia*, Zeit Verlag, September 2023.

*Fjúre, sèmpre fjúre. Schéndele, sèbe schèndele*, Luigi Reho, Schena Editore, Fasano 1994.

*Il Manto della Madre – La Basilica della Madonna in Monopoli*, Schena Editore, 1990.

*Italien neu entdecken*, Merian, Jahreszeitenverlag, Mai 2022.

*Madonna della Madia 2019*, Comitato Festa Patria Monopoli, Monopoli 2019.

*Mit Krücken zum Altar*, Süddeutsche Zeitung, 10.6.2017.

*Monopoli. A Fishing Village in Apulia*, Stefan Braun, slanted Publishers, 2020.

*Monopoli città unica*, Zaccariaedizioni, Fasano 1996.

*Monopoli da Vivere. Guida dell'accoglienza*, Le Specchie s.r.l., 2013.

*Monopoli in Apulien. Ziehen Sie die Ereigniskarte!* Helge Sobik, Der Spiegel, 28.6.2012.

*Puglia. Tra cielo e mare – Between sea and sky*, Sime Books.

*Peregrinatio Mariae*, Diocesi di Conversano-Monopoli 2017.

*Santuario Maria Regina Antonelli*, Editrice AGA, Alberobello.

*Spiagge in Puglia – Beaches of Apulia, 100+*, Sime Srl.

*Verliebt in den tiefen Süden*, Annette Rübesamen, Brigitte, 18/2014.

Monopoli in Apulia
On the Trail of the Madonna of the Raft

# Biography

Sabine Witt was born in 1960 in Hamburg, where she studied Romance studies, German studies and art history. From 1994 to 2006, she lectured in Romance literature at the universities of Hamburg and Bremen. She has published and given lectures on Italian and Spanish literature. She has also been an editor, translator, proofreader, and Italian teacher. She has lectured in literature, been a city guide in Hamburg, and has been chairwoman of the Hamburg Authors' Association since 2015.

# Preface

Monopoli! This Apulian city, known to me long before I set foot in it, holds a delightful surprise. Years ago, I was a translator in a credit agency, and one day, I found myself translating a text about a games store in Monopoli. Little did I know that this ostensibly ordinary task would lead to a remarkable event around 30 years later: I would receive a large package from that identical store, filled with games I had bought locally. I could not have known, either, that I would fall hopelessly in love with this wonderful, unique city and return there repeatedly.

I had long forgotten the amusing incident with the translation when I registered for an Italianist congress in Bari in 2014. I wanted to extend it with a vacation—but where? Apulia was one of the few regions I did not know. I needed a travel guide. As I leafed through its pages, I "accidentally" (I don't believe in coincidence) found the name Monopoli again. The guide was filled with stunning pictures; I could not resist visiting it.

I spent some unforgettable days in the summer of 2014 in this ancient seaside town, which tourists had discovered and revitalized after years of obscurity. It was my pleasure to meet many locals, and I was captivated by the town's patron saint, the Madonna della Madia (the Madonna of the Raft), whose presence I felt in every corner of the old city.

This book is a tribute to her and all the wonderful people of Monopoli.

Sabine Witt<br>July 2024

# The City of Monopoli

# History of the Town and its Name

Monopoli is located on the southern Italian Adriatic coast, around 40 km south of Bari and just a few kilometers north of the ruins of ancient Egnazia—in other words, on the "heel of the boot." Its origins date back to the Bronze Age. The later small Messapian settlement, consisting of huts, was subsequently conquered by the Romans, who turned it into a military port. Later came the Lombards, the Saracens, the Normans, the Byzantines, the Hohenstaufen, the Spanish, the Habsburgs, the Bourbons, and others. Under the rule of Venice (from 1484), the city experienced an economic boom thanks to the expansion of the port and trade in wine, oil, St. John's bread and almonds.

All these inhabitants and rulers have left visible traces in the city to this day—and also in the name Monopoli; in the 18th century, Alessandro Nardelli describes in his book La Minopoli that the settlement is said to have been called "Minopoli," i.e., named after Minos, the ruler of Crete. As the Greek historian Herodotus wrote, the Messapians are to have descended from the Cretans. The name is said to have changed from "Minopoli" to "Monopoli" (Greek monos polis—the only city): the only city that had accepted the new religion, Christianity.

The resonance with the well-known American board game is a coincidence. But the city certainly makes use of it. And although there is no sophisticated 'viale dei castelli' (the 'Boardwalk' in the American game) in Monopoli, there is a pretty, winding 'vicolo del castello'.

## The Dialect

Imagine you come to Monopoli as a non-native speaker who has acquired a knowledge of Italian. In that case, you may (like me) suddenly only understand "train station" because the Monopolitan dialect ("vernacolo monopolitano," "djalètte munepletène"), which belongs to the dialect family of the city of Bari, is one of those things: Like most other Italian dialects, Monopolitano is an almost exclusively oral language spoken in everyday life. That is why there is no clear transcription, which is particularly difficult due to the phonetic differences in Italian. However, there are dictionaries and literature in Monopolitano, which originates in Latin, like all Romance languages. A substrate of pre-existing idioms grafted onto it: Byzantine Greek, Arabic, French, Germanic and Slavic languages and Spanish have shaped the dialect over the centuries through the historical alterations that brought various peoples to Monopoli. This "wild mixture," which is also poor in vowels, is not understandable for non-native speakers; it is even difficult for Italians from other regions.

See for yourself: Two proverbs (from Monopoli città unica, Zaccariaedizioni, Fasano 1996):

Acce sòffre p'emore, na' s-sènde delore.
Who suffers for love, does not care about pain.


Acce spàrte j-ève a màle pàrte.
He who divides has the worse half.


And a poem (from Fjúre, sèmpre fjúre. Schéndele, sèbe schèndele, Luigi Reho, Schena Editore, Fasano 1994):

Trèse vulènne i r-rúsce u muschelóne,
bàtte `ndu spècchje i p-po sópe â vetrète. -
Aggìre, aggìre, aggìre `ndruvelète,
prìme d'accjàrse â vìgghje dē u purtòne. –


Humming, it comes flying in, the big fly,
and flies against the mirror and the window.
It quickly turns around, spinning in confusion,
but eventually finds its way through the door.


## Monopoli Today

The population of Monopoli is now just under 50000, and in addition to tourism, fishing, agriculture, and olive oil production, the city plays a significant economic role. An important cement factory for the region's labor market closed in 1983.

However, there is the "Mer Mec," (an important industrial company in the railway industry), a factory for leather goods, and a polyurethane pipe manufacturer. Handicrafts are also still present: The carpentry trade, for example, the art of building and repairing dry stone walls and masonry. Of greater interest to visitors are the many small, traditional stores in and around the winding old town and the larger, more modern ones in the new city, the Centro Murattiano, built in the mid-19th century outside the city walls and which, like many towns on the Apulian coast, extends inland like a checkerboard.

The best spot of the old town is the beautiful Piazza Garibaldi and that of the new Piazza Vittorio Emanuele II, which is considered one of the largest and most beautiful squares in Italy and is adjacent to the old town—elegantly connecting the two parts of the city. It is surrounded by bars, restaurants and stores, with an avenue cutting through the middle. On one side is the monument to the Unknown Soldier, erected in 1924, and on the other, a magnificent fountain, around which signs indicate all the winds in their respective directions.

The square serves various purposes: A playground, a reading spot, and a meeting place. It hosts cultural events and markets, including the Christmas market, often featuring a large ice skating rink and a Santa Claus house, a delight for children and the author alike.

Today, the term "unique" in the city's name could be interpreted as "staordinaria" because this beautiful city by the sea is. This uniqueness has made Monopoli a popular tourist destination in recent decades, and the city has thrived. The town is easily accessible by public transportation, especially by train, as it is on the Bari–Lecce railway line. However, boarding the express train in Bologna is possible and getting off directly in Monopoli.

Of course, the increasing number of visitors has its advantages. But also negative side effects. I will return to this point later. Nonetheless, the city is far from the "mass tourism" of other parts of Europe; it has retained its authentic character.

Strolling through the alleys and the "chiassi" (courtyards) is still pleasant, often interconnected, sometimes real labyrinths lined with whitewashed houses decorated with flowers and Madonnas. Or visit the diverse array of churches and museums, relax on one of the small beaches in and around the city, take a dip in the clear water and sit down to eat in one of the many restaurants in the evening.

## The Beaches

Monopoli and its surroundings are a real bathing paradise. The narrow sandy beach Porta Vecchia, which slopes gently into the water and was awarded the *Blue Flag* in 2024, is located directly in the town.

It's a wonderful place to swim—protected by the picturesque city wall, in front of which you can lie or sit on the stones, and along the waterside, take a lovely walk to the Santa Maria promenade, Castello Carlo V and the old harbor.

From Porta Vecchia, you can stroll along the sea from the beach's northern end to the next bay in around ten minutes: Porto Bianco, which families often use. And then it is just a few minutes walk to Porto Rosso, which young people prefer. If you wish, you can walk along paths above the sea from one bay to the next—perhaps via Porto Verde to the beautiful Cala Paradiso (with sun loungers and umbrellas). One cove follows the next; they are the former mouths of now dried-up canyon-like rivers coming out of the hills, and all have their characteristics and charm. You can walk back—perhaps stopping somewhere—along the parallel Via Procaccia to the town, which greets you from afar with its cathedral.

Further south, a majestic lido is before the formidable Castello Santo Stefano. Capitolo, which marks the end of the Monopolis bathing area, is also a sight to behold with its long sandy beaches and the excavations of Egnazia. Above, you can marvel at the rock church of San Giorgio on the ancient Via Traiana trade route: a large hole in the wall surrounded by concentric circles, reminiscent of the waves around a stone thrown into the water, is a striking feature here.

The Madonna of the Raft

# On the Trail of the Madonna

Anybody strolling through Monopoli's streets with an open eye will quickly notice the numerous Madonna icons on the walls, on balconies, under arches, on windows, in niches, in house entrances, and as a large mosaic on the Porta Vecchia. It salutes you, also as a mosaic, from the church tower of the cathedral.

One summer, when I was in Monopoli for two weeks, it was simply too hot to spend time on the enchanting city beach "Porta Vecchia." I rather cooled off in the shady alleys of the old town, where I could also take a closer look and photograph the many Madonna icons I noticed during my first visit in 2014. I repeated this on many other visits to this enchanting city, which I grew increasingly fond of, along with its inhabitants. "Sei una monopolitana nata per sbaglio ad Amburgo" ("You are a Monopolitan who was born in Hamburg by mistake"), my landlord Cesare Mancini used to say to me. Who knows …?

Perhaps some old town residents will remember me wandering through the alleys, equipped with the city map, a notepad, pen, felt-tip pens and cell phone, making notes, drawing, taking photos and—forgive me in retrospect—getting into the most hidden corners. I often explained that I was planning to write a book about Monopoli. Then, the justified mistrust was quickly dispelled, and friendly conversations ensued. And I perhaps get to know the city and its people better than most tourists.

I spot some Madonna icons at first glance, even in the stores and houses (to be seen through the windows or when a door is open and I look in very discreetly) and on the pavement. One Madonna at Porta Vecchia is particularly striking. A young man is supposed to have painted it. He reportedly returned a few more times for restoration; however, at some point, he never showed up again.

A Monopolitan is the "guardian of a floor painting"; he covers it in the evenings and winters and waters the surrounding flowers. Sometimes, I am shocked when I suddenly find an icon of the Madonna that I have never seen before. Very small ones, for example: Or when no laundry is hanging on a balcony and the Madonna, which was hidden, now appears. That happened to me at the old harbor after many years of only seeing laundry.

From visit to visit, I noticed that more Madonnas were added. I found them with the help of friends, whom I infected with my search for Madonnas on walks together. A very tall friend with whom I walked once noticed a quite high-up Madonna on the wall of a house, which I, small as I am by 1,57 m, had overlooked for years. I often wandered through the alleys hour after hour and was completely exhausted by the evening.

But I have never enjoyed anything as much as the search for the Madonna della Madia. It was always a mixture of adventure, play and meditation. I found 86 pictures of the Madonna. My website has photos of all of them; a QR code on page 2 from these book takes you to them. It's worth searching for yourself!

## My last Madonna

It is December 31, 2021, and my years of research in the old town of Monopoli are all complete. All? I had photographed Madonnas, archived them, packed my suitcase, stowed away my camera, and made one last round. On the Largo Forno Romano, I look up and see an illuminated Madonna behind a small window. I have overlooked it for years. Weird. I returned to my apartment, opened my suitcase, took the camera, and went to take a photo:

This experience shows that I certainly have not discovered all Madonnas. So, dear Monopolitans, do not be sad if your Madonna is missing.

## The History of the Madonna

Let me delve into the fascinating story of the Madonna. In 1107, the Bishop of Monopoli, Remualdo, embarked on a project to build a new cathedral. The construction was almost complete ten years later, in

1117, but a lack of funds to purchase the necessary beams for the roof posed a significant challenge.

However, on the night of December 16, 1117, an angel, whose light shines on the bed of a respected, devout Monopolitans named Mercurio, appears and says to him: "Mercurio, Mercurio! Get up, run to the bishop and tell him that the beams are in the harbor!" Mercurio obeys, runs to Bishop Romualdo and tells him what has happened. But the bishop sends him home and says he was only dreaming. However, the Madonna, for she was the angel, appears to Mercurio for the second time, and the bishop does not believe it this time either. But when the Madonna appears for the third time, Mercurio runs directly to the harbor and sees the beams as a raft (in the Monopolitans dialect, "madia," which can also mean a board on which bread was prepared for baking and left to rise).

Now, the bishop is convinced and tolls the bells to wake all the residents, who then come to the harbor and witness a miracle: Mary as an icon, shown with the child, enthroned on the raft!

The bishop immediately had the Madonna icon taken to the cathedral in a solemn procession. It is still in this gorgeous chapel that rises above the altar. Believers and tourists can reach it via two staircases at the sides. Unusually, the steps leading to the chapel are not visible from below, so the Madonna appears to float above the main altar.

The cathedral's roof was completed in 1117 with the beams from the raft, of which there were 31. Today, some of the original beams are in one of the chapels in the cathedral, just to the right of the entrance.

They were removed from the roof during a cathedral reconstruction in the 17th century.

The story of Mercurio, the arrival of the Madonna, the procession towards the cathedral and the cathedral's construction are depicted very vividly in four large-format paintings by Signorile from the 18. century in the cathedral; it shelters several other paintings depicting the arrival of the Madonna.

December 16, 1117, is a day in the history of Monopoli that has shaped the city to this day. It not only brought the city saint, the "Madonna della Madia" (whose arrival by sea is historically certain), but also sent her the necessary building materials to complete the cathedral, which is probably more of a legend. However, research has shown that the beams on display in the cathedral are made of wood from Aleppo pines.

So, they may have come to Monopoli via the Adriatic. The icon shows the Madonna "Hodegetria" (also Hodigitria or Odigitria), which means "guide-rin" in ancient Greek.

This type of depiction of the Virgin Mary is Greek-Byzantine, was mainly common in Constantinople, and later spread throughout the Christian world.

In these images, Mary is static and frontal, holding an adult-looking, blessing baby Jesus on her right arm with a transfigured gaze and royal robe, often carrying a scroll, the "Book of Life," or a symbol of Jesus' wisdom, in her hands. With her right hand, Mary points to the baby Jesus and thus to the path of "redemption." All of this applies to the image of the Madonna della Madia carved on wood. The coloring also suggests Constantinople and is strongly reminiscent of the famous "Mother of God of Vladimir" created there in the 12th century.

The monopolitanian Madonna invites the viewer to pray and meditate. Her eyes, no matter the perspective, seem to lock with yours, radiating a sweet melancholy and benevolence. This unique portrayal, the 'Madonna della Madia,' is distinguished by several artistic features: Large, expressive eyes, elegantly arched eyebrows, a noble nose, and a delicately shaped mouth. Striking decorative elements on the edge of her hood, zigzag points, and a central star in the middle symbolize her purity and virginity.

At the bottom edge of the picture—very unusual for portraits of nuns—are two small figures: from the viewer's left, a standing monk holding a large candle; due to his red habit, he could come from the Monastero dell'Odigitria in Constantinople—just like the figure resting at the feet of the infant Jesus further to the right.

It would fit in with the probable origin of the icon. However, I was also told that the figures would probably have been added later. The Madonna della Madia allegedly worked miracles: In 1528, she put the soldiers of the Marchese del Vasto on flight and stopped an epidemic in 1691.


## Don Peppino

Don Giuseppe Cito, Rector ecclesiae of Monopoli Cathedral, affectionately known by everyone as Don Peppino, is the Madonna's guardian. I met him one December 24, shortly before the afternoon service in Santa Maria del Suffraggio ("Il Purgatorio"), which was finally open. I just wanted to take a look at the beautiful nativity scene. The church was already packed. I tried to leave quickly, but the sacristan brought me a chair. So, I stayed out of politeness and, although a non-Catholic, I have seen the most impressive service in my life. Don Peppino was funny (he teased us with an advertising slogan, for example), warm and spiritual; it was wonderful. When the congregation sang "Silent Night, Holy Night" in Italian, I was emotional and remembered Christmas evenings long past with my family. Thanks to the sacristan!


## The Arrival of the Madonna

Twice a year, on August 14 and December 16, the actual day of the Madonna's arrival, it is ceremoniously commemorated. In 2017, for the 900. time. During a guided tour of Monopoli in the footsteps of the Madonna, I learned that the date of December 16, 1117, is wrong.

The icon appears to be more recent. However, history and myth get mixed up here, and after all, Jesus was not born on December 24, either.

Alas, in the summer of 2017, I was not in Monopoli on the August 14 commemoration. However, I saw another icon's pilgrim.

On the occasion of the 900. anniversary of the arrival of the Madonna, a copy of the icon, which, like the original, stands in the cathedral of Monopoli, was displayed in various churches in the municipality of Monopoli-Conversano and carried in solemn procession from one church to the next. When I was in Monopoli, it was on its last leg: returning to the cathedral from the Monopoli church of Teresa of Àvila (a saint I have also studied a lot in literature and whose church and convent I even visited once in Àvila, Spain).

I followed the service in the beautiful church at the magnificent Piazza Palmieri. After that, the Madonna should return to the cathedral. However, the structure on which it sits enthroned is too wide, fitting through the central aisle. So, first, everybody has to push aside the pews. I was amused. And then even more so when the large door at the back of the church stuck.

As it finally starts, a priest with a ghetto blaster lines up behind the Madonna (I continue smiling), and then the believers and I follow.

It was wonderful; I was no longer smiling but touched by the people's spirituality, especially the older ladies who accompanied the Madonna back into the cathedral with music and recitations.

We walked through the crowded, picturesque alleys. I arrived at the cathedral in tears and must head for a slow-down to my lodging. I finally understand the meaning of such processions and their effect on the believers. And even on me, who is not a Catholic at all. The more I studied the Madonna della Madia, the more amazing my desire to be there when her arrival is celebrated, which I have done twice yet: in 2019 and 2021.

For a long time, the raft with the Madonna docked in the old picturesque harbor of the city, with the fishing boats, including the beautiful small blue "gozzi." Yet, the crowds of visitors grew larger and larger, and they moved to the newer, larger harbor, "Cala Batteria." The event on August 14 aimed more at tourists, while the replicate of Madonna's arrival on December 16 is an important religious and spiritual event in the Monopolitans' annual calendar. For many, it is certainly the most important day.

In 2019, I was on my Christmas season break in Monopoli and could join the feast of the Madonna. I arrived two days before with a nasty cold and no voice.

Anyway, I made new acquaintances and talked, or better, croaked to everyone about the Madonna and the upcoming landing; I was completely under her spell and full of anticipation.

Since the weather was bad, I worried the ceremony might canceled because of rain. But everyone reassures: "Don't worry, Sabine, it will stop raining when the Madonna arrives."

On December 16, I woke up in my lodging, diagonally opposite the cathedral, to the smell of incense. I immediately left and already found a crowd of mostly locals, young and old. I walked to Porto Vecchio. I did not see a soul when I arrived because of the wrong harbor. So, I followed other people, all heading for the larger and more modern port of Cala Batteria.

I found a nice spot with a good view on a wall above the harbor. The woman next to me invited herself immediately: Mara. She knew a lot about Madonna and her history and began to explain it during the ceremony. What a fantastic coincidence.

At the outset, I was moved to tears and did not know why. At Cala Batteria, it was very crowded, and I embraced myself arriving so early. Church representatives, including Don Peppino, are saying welcome and prayers, music is playing, and the procession of various spiritual associations and believers is approaching. Among them are the archbishop, fishermen and young people who have recently received their first communion. They had all gathered in the cathedral beforehand; many had been vigil in the cathedral all night. A prayer to the Madonna della Madia was heard over speakers. Men in diving suits shot flares out of the water before a huge firework. Then, there came the raft with the large Madonna icon, which was taken out of the cathedral the day before, and I had followed through the alleys in the summer of 2017.

It was a wonderful sight, accompanied by the traditional fishing boats called "gozzi". There was clapping, prayers, and chants, and I was shaken.

It was the highly spiritual atmosphere that touched me a lot. The raft approaches the landing, turns back, approaches again and does not dock until the third time. It traditionally follows the legend that Mercurio needed three attempts to convince Bishop Romualdo of the beam's arrival in 1117. The statue is solemnly received, and prayers and chants are heard again. Then, the procession forms again, accompanying the statue of the Madonna on a decorated cart to the cathedral. I did not see the rain stop when the Madonna arrived, as it had not been raining.

Around midday, I went to the town's beach, where a woman asked me kindly if I was the German who always came to Monopoli. It was Porzia who knew me from Facebook. What a pleasant meeting on this wonderful day.

I wanted to attend Madonna's arrival again in 2020, but the coronavirus pandemic got in the way of us, her and me. In 2021, it was ongoing, but I went back to Monopoli for three weeks in December, anyway, witnessing the splendor again and completing my research.

This December 16, I set off much earlier, at 3:45 am.

On the way to Cala Batteria, I hear a muffled bell toll every quarter of an hour—no doubt to wake the locals.

Cala Batteria was still deserted when I arrived, and I was looking for a spot right at the end of the beach road. That day, I expected it to be less crowded because of the coronavirus and because it was pretty freezing. The procession was the same, but the fireworks seemed slightly more moderate. The raft arrived again, only docking the third time just like two years back.

However, the magic seems to be missing. Though everyone is happy it occurred again after a year-long pandemic-related break. Have we all changed, or is the fear of the disease still breathing down our necks? After all, the pandemic was not over; on the contrary. The numbers had risen enormously in Italy, and when I returned home on January 1, Italy was a risk area again.

Or was the change only my perception? I concluded with a different, more objective perspective on this latest research trip. More a view from the outside at my "object of study."

It might have also been I was freezing so much, and it started raining when the Madonna docked. Hence, the miraculous story is not quite true after all.

(On December 16, 2023, the event was canceled because it was too stormy, and the statue was carried only in a festive procession to the harbor and back to the cathedral.)

I was so freezing and soaked that I could not wait for the procession with the Madonna on its way to the cathedral. I rather had a delicious caffè and a cornetto, warmed up in my lovely lodging (this time in a different part of the old town), and then walked along the seafront to the service in honor of the Madonna in the cathedral. Later, there was a concert outside. But it seemed to me that nobody was listening except me.

# Personal Experiences

# On the Trail of Olive Oil and a Bell
# with Gianni

December 27, 2019, is an unforgettable day for me. I went on another excursion, accompanied by Gianni, the owner of an Apulia store, "La finestra sul mare" in Via del Porto. He runs it with his wife, Antonella. I usually go on tours with them in the Monopoli area. So, I visited with Antonella the excavations of Egnazia, rock churches, and masserie (manors). The common gleaming white cuboid masserie were once a world of their own as large, stately manors. The firsts were built as early as the 13th century and quickly became agricultural and cultural centers of economic and political importance. Constructed from tuff or limestone with an outer wall, a large inner courtyard, and frequently a crenelated tower where the ruler resided, some still resemble small castles.

There were dwellings for the farm workers, stables, an oil mill, a granary and a chapel, usually dedicated to the Madonna of the Raft or the respective local saint, who often gave the counties (contrade) its name. Many masserie were country estates and fortresses with embrasures or devices from which hot liquids were showered on the enemy, high walls, obscure lookouts, drawbridges, and moats.

In ancient times, they were crucial for defense against pirates, robber barons, and other invaders. The most important masserie were Caramanna, Conchia, Garrappa, Lamafico, Spina Grande and Spina Piccola. Many of the beautiful estates still exist today. They no longer have to defend anything except against the tourists. Many have been changed into restaurants or discotheques or serve as comfortable lodgings.

The latter is welcomed, as this use can preserve the quarters. Anyway, some continue as farms.

I visited several masserie on my first trip with Antonella. The first, Masseria Zaccaria, is still inhabited. I am amazed to see a rock church under the living room in the normally used cellar—and the remains of a Franciscan church in another room! A few years later, I visited the magnificent rock settlement of Santi Andrea e Procopio with Antonella.

The so-called "habitat rupestre" developed in Apulia when the inhabitants had to flee from the various invaders after the end of the Roman Empire and built underground towns near the river courses, in which churches were crucial. The mostly Byzantine frescoes are impressive, and their former colorful splendor can still be easily imagined. Two rock churches are directly beneath Monopoli: the "Madonna del Soccorso" and the "Santa Maria Amalfitana."

On December 27, 2019, I traveled by car with Gianni on the trail of olive oil. He told me a lot about the history and production of it and about the different varieties in flowering meadows under ancient olive trees and blue skies. It was very interesting. We visited the largest olive tree in the region at "Cristo delle Zolle." It is over 1000 years old. Why the trunks of olive trees turn to the left in some areas of Europe and to the right in others has not yet been discovered. On the compound of the "Vivai Capitanio," we not only found the enchanted botanical garden "Lama degli Ulivi" but—what a surprise, also the hidden Chiesa Rupestre Santa Cecilia.

Gianni throws a stone into the dark cave-like entrance to scare off animals. It alerted me, but I did not hesitate to crawl in with him. I am night-blinded and did not see anything. Gianni advised me to briefly close my eyes, and when I opened them again, I discovered the amazingly colorful frescoes on the un-manufactured walls of the ancient hidden church! We continued to a carefully restored medieval oil mill at Masseria Mammella. I received a friendly welcome and sat by coffee and cake at the table with the family. Two years later, as a contrast, we as well visited the "Oleificio Rotondo," a modern oil mill where I could see exactly how the oil is produced today. The friendly mill owner explained everything.

The first journey into the world of olive oil led to a miraculous sequel: just before I departed for Monopoli, I 'coincidentally' stumbled upon the documentary *A New Bell for Monopoli* (part of the *360 Degree Geo Reports*) from 2018 on Arte TV.

It chronicles the traditional and perhaps most renowned bell foundry Marinelli in Agnone, where bells have been crafted for over 1000 years. The Monopolitans Contrada Antonelli commissioned a new bell for its church of Santa Maria Regina, which had remained silent for years. The parish priest, Don Vincenzo, mobilized donations for the project and journeyed to Agnone to bless the new bell in an ancient ritual—a moment of profound significance.

I was fascinated by the documentary, as it was about "my" Monopoli, so I asked Gianni if we could drive to Antonelli at the end of our tour. He agreed happily, and we headed through a remarkable landscape to the small town. At the church of Santa Maria Regina, I was pleased to witness that new bell by myself.

Then, I thought we would head back to Monopoli, yet Gianni, the good guy who had already been doing overtime for me, led me inside the church and there he was, Don Vincenzo, the priest I knew from the documentary on Arte. Gianni told him why I was there.

Don Vincenzo was thrilled and enthusiastically described the film shooting and his experiences with the bell. I was extremely happy. Suddenly, the priest disappeared into a small chamber, and a little while later, I heard the bell: Don Vincenzo tolls it for me, just for me.

The bell sounded across the beautiful landscape when we went out, and I shed tears. Then villagers came.

Don Vincenzo explained why the bell rang: "Sabine is here; she's come from Germany because she's seen the movie about us!" Everyone welcomes me. I have never been so touched by anything in my life. Struggling to control myself, I set off on the return journey with Gianni. I will never forget what he and Don Vincenzo offered me on that sunny December day after Christmas.

Our tour ended in Via Porto, in Gianni's store. Full of joy, I picked some of the high-quality products—souvenirs for those back home, and for me, a little Madonna on her raft and a very special nativity scene worked into a traditional ceramic "pomo." The "pomi" can be found manifold on the balconies in Puglia; they are considered to bring good luck. Incidentally, I missed Monopoli so much during the coronavirus pandemic that I bought great in Gianni's and Antonella's online store. I was joyous when the parcel arrived: with olive oil and traditional ceramic products. Among them was a "sponza frise"—a special bowl that one fills with water and uses to soak the "friselle" bread, which is typical of Puglia and hard as a rock, and then places it on the perforated rim of the bowl to drain and top it off. Great! When I told him I tasted the hard bread unsoaked, my landlord Cesare Mancini once made fun of me. Tourists can be pretty stupid …

After the fantastic excursion and the experience with Don Vincenzo, I went for a swim on the beautiful city beach to calm down. Then I headed for Via Einstein, to Palmitessa Giocattoli.

# Palmitessa Giocattoli

I mentioned it in the introduction: Many years ago, sometime in the early 1990s, I came across the name Monopoli and the games store as a translator and was amused. I would never have thought back then that I would get to know the town and the store so well some 30 years later. But I never forget the story, either. That's why my then-partner and I visited Palmitessa Giocattoli on our first visit to Monopoli in 2014. What a surprise—the entire square seemed to consist of the games store, with several shop windows virtually surrounding it and luring us inside! A toy paradise for young and old opened up. Of course, and this is particularly interesting, there was and still is a Monopoly corner with countless editions of the cult game, which is very popular with Monopoly fans.

One day, I heard about plans to build an "open-air Monopoly" in the beautiful Piazza Garibaldi, the "parlor" of the old town, as we know it from outdoor chess games. Let's see whether such a great plan will ever be implemented. I would like it. But what Palmitessa Giocattoli has achieved is at least as spectacular: at the end of 2021, they launched the "Monopoli Monopoly." That is great. It was not that easy because of Parker's rights. But it was a success and is not only in my extensive Italian games cupboard but is also regularly used in my language courses. Speaking of the game's cupboard, it is clear where

most of these games came from: Palmitessa Giocattoli! Either I bought them directly after a coffee with
the owners and took them home or, once when my
appetite was bigger than my suitcase, I picked it and
had it sent home. A neighbor accepted the parcel and
wondered about the sender's city of Monopoli.
When I told her it contained games, her astonish-
ment was even greater. It brought the experience
decades later full circle with me. I have also designed
a Monopoli game that I use in my classes. But I was
not eager yet to put it on sale.


## Manuel Neuer and the Tourism in Monopoli

On June 10, 2017, I went further south to the baroque
city of Lecce, which I got to know much better in December 2023 when I gave a lecture there on Curzio
Malaparte. But I did not know that as I went to the
train station. I did not understand, either, why I
could solely walk along the street to the right because everything was blocked on the left, towards
the cathedral. For now, I enjoyed the wonderful ride
through seemingly endless olive groves, almost always with the sea in view. Lecce impresses me with
its baroque architecture, its elegant amphitheaters,
and the contrasting relaxed and youthful atmosphere, in which old-established stores such as "Corrado Marazia" are embedded, where I purchased a
hand-woven linen blanket in 2023.

Gino Leineweber, this book's editor, is also there. He tells the shop owner his name in Italian (Tessitore di lino), which causes him to suddenly spread lengths of fabric in front of Gino, and then starts talking about the linen. Minor confusion: He understands that Leineweber is not Gino's surname but his profession.

Back in 2017, I also discovered the many paper-mâché figures. This old handicraft is typical of Lecce. I have since been invited to a course because of my enthusiasm. Still, being as untalented as I am in such things, I wonder if I should do it.

I stopped for a cool drink now and then, treated myself to a sweet specialty at "Natale," and ensured I returned to the station. It is just too hot for me on this June day in Salento, which is saying something.

When I returned to Monopoli, I discovered why "my" street was closed in the morning. It was the same for a large part of the old town because there were celebrities who needed to be shielded and protected: Manuel Neuer, the goalkeeper who won the World Cup with the German national team in Brazil in 2014. He married Nina Weiß in the cathedral in Monopoli—on crutches, having broken his foot in the Champions League quarter-final shortly beforehand. The two have since divorced. The German newspapers reported on the national goalkeeper's wedding. Monopoli was in the press and the talk of the town in Germany. Not always absolutely positive. On June 10, 2017, the Süddeutsche Zeitung wrote: "Monopoli in Italy, an inconspicuous small town with just under 50000 inhabitants. Manuel Neuer has helped this small town in the Apulia region on the Adriatic Sea, which probably only diehard Italian holidaymakers had ever heard of before this weekend, to achieve a little fame ..." Inconspicuous? No. And even before Neuer's wedding, German tourists had already discovered this gem on the Adriatic. The press itself, for example, DER SPIEGEL, reported in 2012 about the city and the women's magazine BRIGITTE in 2014. In recent years, many articles have appeared about Monopoli: in 2023 in ADESSO, in 2022 in MERIAN and 2020, I wrote about my heart city in a supplement of DIE ZEIT. And I talked a lot about it. German and Italian friends made the journey; some spent several weeks in Monopoli or even visited me there. Four of my Italian students, for example, with whom I now have a close friendship, spontaneously spent a few days in Monopoli at the turn of 2019/20. I will never forget the wonderful moment when they all turned up at my door in Via Cattedrale for the New Year's Eve party—one friend who brought me a smoked eel from the famous Hamburg fish market. The city has never seen anything like it, and the eel fits in well with my Southern Italian buffet.

The front door in Via Cattedrale is often the scene of unusual occurrences. One early winter evening, I was reading, writing and watching TV in my bedroom when I heard loud noises at the front door. Sounds like a burglar. I cautiously answer the door in my nightgown, and sure enough, someone is about to enter the house. Frightened out of my wits, I react completely irrationally, yank the door open and start shouting. The person I was yelling at was just as shocked as I was. It was a harmless craftsman who my landlord had hired to bring me some towels. But before things cleared up, the craftsman shouted back. All out in the open, me in my nightgown. The landlord wanted to unlock the door when I did not answer it since he assumed I was not home. But my key was inside, and he, who thought I was out, suspected me of having left it inside. Immediately, he hired a handyman to break down the door. I was lying in bed, completely innocent, and did not hear the doorbell ring. When he asked to pay the handyman, the drama started again. However, after the hodge-podge, we all started to laugh, and the situation dissolved into bliss. I did not have to pay anything.

A tourist who supposedly left her key in the door is the least of the problems. The bigger issue is the number of people who flood Monopoli in the summer and Christmas months. There is a veritable "Movida" in the old town. It is so loud in many places, especially in the evenings and at night, that many Monopolitans have given up their homes in the old town, moved to the outskirts or settled outside the city. Many small apartments with vaulted ceilings in the traditional narrow, tall houses with mostly steep stone staircases have been converted into holiday accommodations.

More and more tourists are coming. Tourist stores are springing up and driving out the old-established businesses. But even if tourism has now discovered Monopoli or Monopoli has discovered tourism, it is still a worthwhile destination. It is because, unlike many others, the town has largely retained its original character.

And for those who love the beach and swimming as much as I do, Monopoli, with its many beautiful beaches, is a paradise anyway.


## Sunrise?

I had a pretty special experience in December 2021 when I returned from shopping and walking along the sea. It was already dark, maybe 6 pm. I was standing by the wall and looking out over the sea. Suddenly, a bright glow appeared on the horizon, and a huge red disk emerged from the sea. I was completely dumbfounded, even frightened. What was going on? Why was the sun rising in the evening? Other tourists are just as stupid as I felt the same way. Then we suddenly realized: the moon was rising! A full moon. Bright and red.
I had never seen it before, and along with the Northern Lights on several boat trips in Norway, it was one of the most powerful visual impressions I have ever had.

# The Word elettricista (electrician)

During my stay in December 2021, the word elettricista came up repeatedly. I have not used the word in German as often as during those three weeks. There was always something wrong in the apartment; sometimes, the noisy TV could not be switched off, and now and then, the power was out, and the sound was constantly being used on the phone. During this time, I bought a language game for my Italian courses: "Contatto" I opened the beautiful box in the apartment, saw hundreds of word cards, and guess which one I picked first? "Elettricista". You wouldn't believe it.

# The Octopus

I would go for octopus to my favorite fish store, "L'Angolo del Mare." I wanted it ready-cooked and wrapped, but the nice fishmonger lamented in disbelief. He needed me to have it fresh. After a few attempts at protest, I gave in and got the smallest possible specimen packed for me. I did not feel right about it, the poor animal. Of course, it was already dead, but I was a little creeped out by the contents of my shopping bag. But said to myself: get ahold of you and put the water on. Yet then, just as I threw the octopus into the boiling water, the power went out. And never returned—revenge of the maltreated nature?

Sure, the elettricista was unavailable; it was late evening. My landlord would have me move to another apartment three floors above me. The stone stairs are steep; the steps are high, and I am small. Everything I needed for the night had to go upstairs with me, including all the bedding, no big problem. But then I remembered the poor octopus in its pot. So down I went again. Something from the chapter "Things you only do once" followed: I carried the big pot with the octopus up the stairs. I put it on again and then enjoyed it, dressed in garlic, oil, and lemon and served with boiled potatoes. One of my most delicious and unusual meals ever. The power was back on in the morning, and I was moving again.


## Monopolitans in Hamburg-Ottensen

I want to end my book with a wondrous story that connects my hometown of Hamburg and even my district of Ottensen with Monopoli. One of the few Catholic churches in the city that is very close to me is St. Marien. Ever since I became involved with the Madonna della Madia, I sometimes go inside to visit the Madonna icon. I had never noticed it before. It is supposed to be Our Lady of Perpetual Help (La Madonna del Soccorso), as it is also in Monopoli. I learned that around 20 Monopolitans made a pilgrimage to this Madonna around 2005. 700 meters away from me. "The Madonna unites us under her mantle," one of them wrote to me a few years ago.

# References and Recommandations

## Accomodation
Carpe Diem, Largo S. Giovanni 18
www.bebcarpediemonopoli.it


## Restaurants
My two favorites:
Ristorante Piazza Palmieri, Largo Palmieri 3 in the middle of the old town; modern, light cuisine, beautifully presented, unbeatable value for money.
Ristorante Lido Bianco, Via Procaccia 4. A little outside, on a cliff in front of Porto Bianco beach; traditional and chic at the same time, with a breathtaking view over the sea; family celebrations are also held here. Specialty: raw seafood. And here I ate the best dessert of my life: an olive ice cream with a chocolate center, topped with coarse salt and a touch of olive oil—a real taste explosion.

In the Old Town:
Trattoria da ziOttavio, Via Barbacana, 77
Trattoria da Pierino l'Inglese, Via Amalfitana 14
The King Street Food, Via Orazio Comes 31 with books to browse through, including many about Monopoli.

In the Murratiano Centre:
Cime di Tapas, Corso Umberto I 8–10; young and modern, including vegetarian and vegan dishes.
Pizzeria Ai Portici, Via Milazzo 26

Slightly outside:
Ristorante Porto Rosso, Via Tommaso Moro 2, between the beaches of Porto Bianco and Porto Rosso.

# Bars & Cafés

Caffè Roma, Largo Vescovado 1, is 'the place to be' in Monopoli. It offers wonderful coffee, delicious cakes and tarts, and award-winning ice cream. It is worth a visit at any time of day; there is always something going on. It has been an institution since 1851.

Caffè Napoli, Via Giuseppe Garibaldi 2. Also an 'institution' in Monopoli, right next to the town hall. There are good cocktails and a nice outdoor area, for example.

# My favorite stores

Market

Don't miss the kilometer-long market that takes place every Tuesday from 8 a.m. to 1 p.m. in the new town: Piazza Falcone e Borselino, Via Palmiro Togliatti, Via Benedetto Croce, Via Trieste, Via Cosimo Pisonio, Via Ippolito Nievo. Here, you can find everything you can think of, including local food on the last stretch.

General stores

Alimentari XX Settembre, Piazza Alessandro Manzoni 3
Minimarket, Via Orazio Comes 24
Carrefour Express, Via Vecchia S. Francesco di Paola 6/A. Not far from Porto Bianco beach, which is why there was once a sign in the window asking you not to enter the store in swimwear ...

Apulian specialties

La Bottega di Celeste e Tea, Via Europa Libera 5
Azienda Agricola Annese, Piazza Vittorio Emanele II 57
Che Buono, Piazza XX Settembre 21
Frantoio Pacello Shop, Via Barbacana 80

Bakeries
Forno San Marco, Via G. Poligani 13
Panificio Fortunato, 1975, Via Cappuccino 45

Greengrocery
Centro Ortofrutta, Piazza XX Settembre 25
Carrieri Damiano, Via San Vincenzo 25
Frutta e Verdura, Via Europa Libera 5/A

Fish Stores
L'Angolo del Mare, Via Giuseppe Polignani 25
Bed Bed, Via G. Polignani specialized in mussels.

Meat Store
Macelleria XX Settembre, Piazza XX Settembre

High-quality souvenirs
Apulia – La finestra sul mare, Via Porto 8–12
www.apulia.shopping

Clothes & Accessories
Valentina Boutique, Via Giuseppe Garibaldi 58

Book shop
Libreria Minopolis, Via Urbano Rattazzi 18/20

Toys
Palmitessa Giocattoli, Via A. Einstein 26
palmigiochi.it

# Bibliography


*Abbàssce u Pejise Vècchje – Down the old Part of the Town*, Associazione Culturale Pietre Vive, Schena Editore, Fasano 2007.

*Adesso: Puglia*, Zeit Verlag, September 2023.

*Fjúre, sèmpre fjúre. Schéndele, sèbe schèndele*, Luigi Reho, Schena Editore, Fasano 1994.

*Il Manto della Madre – La Basilica della Madonna in Monopoli*, Schena Editore, 1990.

*Italien neu entdecken*, Merian, Jahreszeitenverlag, Mai 2022.

*Madonna della Madia 2019*, Comitato Festa Patria Monopoli, Monopoli 2019.

*Mit Krücken zum Altar*, Süddeutsche Zeitung, 10.6.2017.

*Monopoli. A Fishing Village in Apulia*, Stefan Braun, slanted Publishers, 2020.

*Monopoli città unica*, Zaccariaedizioni, Fasano 1996.

*Monopoli da Vivere. Guida dell'accoglienza*, Le Specchie s.r.l., 2013.

*Monopoli in Apulien. Ziehen Sie die Ereigniskarte!* Helge Sobik, Der Spiegel, 28.6.2012.

*Puglia. Tra cielo e mare – Between sea and sky*, Sime Books.

*Peregrinatio Mariae,* Diocesi di Conversano-Monopoli 2017.

*Santuario Maria Regina Antonelli*, Editrice AGA, Alberobello.

*Spiagge in Puglia – Beaches of Apulia, 100+*, Sime Srl.

*Verliebt in den tiefen Süden*, Annette Rübesamen, Brigitte, 18/2014.

Sabine Witt

Deutsch
## Monopoli in Apulien
Auf den Spuren der Madonna vom Floß

Italiano
## Monopoli in Puglia
Sulle tracce della Madonna della Madia

American English
## Monopoli in Apulia
On the Trail oft the Madonna oft the Raft

Cover design Angela Schwarze, Berlin, Germany
Book design Gino Leineweber, Hamburg, Germany
Graphics in book Lucio Ronca, Vietri sul Mare, Italy

Printed in Germany
ISBN 978-3-911320-07-8